D1729615

1. Auflage
Alle Rechte vorbehalten
© Copyright 2017 by Peter van Veen und Clara van Veen, D-30657
Hannover
Die Verwertung von Texten und Bildern, auch auszugsweise, ist ohne
Zustimmung der Autoren urheberrechtswidrig und strafbar. Dies gilt auch
für Vervielfältigungen, Übersetzungen, Mikroverfilmung und für die
Weiterverarbeitung in elektronischen Systemen.
Covergestaltung: Adriaan van Veen, www.adriaanvanveen.com
Quellenangabe für das Coverbild: © Pellinni – Fotolia.com
Idee, Manuskript, Grafik, Satz & Layout: Peter van Veen und Clara van Veen,
Selbstverlag

ISBN 978-3-00-055748-4

Peter van Veen und Clara van Veen

Die geheime Sprache der Natur

Symboldeutung für Geistreisen, Märchen und Träume

Inhaltsverzeichnis

Vorwort

Die Idee für dieses Buch ist in meinen Seminaren entstanden: In den zehn Jahren, in denen ich die bewusstseinserweiternden, heilenden und transformierenden Techniken des hermetischen Weges an Seminarteilnehmer vermittle, bin ich immer wieder gefragt worden, ob ich nicht ein Buch über die symbolische Sprache der Natur schreiben könne. Lange habe ich gezögert, weil es mir dazu mehr oder weniger an Zeit fehlte. 2014 fing ich dann doch – zusammen mit meiner Tochter Clara van Veen – an, die geheimen Bedeutungen von Naturelementen und -wesen systematisch zu untersuchen und zu notieren.

Clara van Veen hat schon als junges Mädchen über die Begabung verfügt, Elementarwesen und Naturkräfte intuitiv wahrnehmen zu können. Meine Wahrnehmung dieser Naturebene basiert auf hermetischer Schulung und Technik. Zusammen entwickelten wir eine einfache und schnelle Methode, die es uns ermöglichte, den Naturwesen direkt zu begegnen, ihre Essenz intuitiv zu verstehen und diese in unserer Sprache zu beschreiben.

Daraus ist das Buch »Die geheime Sprache der Natur. Symboldeutung für Geistreisen, Märchen und Träume« entstanden. Es listet etwa 850 Elemente der Natur auf und erklärt die Bedeutung, die diese bei einer Begegnung auf einer Geistreise, in einer Meditation, in einem Traum, in einem Märchen oder auch als Omen haben. Es soll ein Nachschlagewerk sein für Esoteriker, Psychologen, Traumdeuter, spirituelle Berater, Heiler, spirituell Suchende und alle, die auf dem Weg zur Selbstfindung und Selbstentfaltung sind.

Das vorliegende Buch kann vielseitig genutzt werden:

Das alphabetische Stichwortverzeichnis am Ende des Buches macht ein schnelles Auffinden der symbolischen Bedeutung einzelner

Begriffe – wie zum Beispiel Grotte, Granit, Feueropal, Platin, Hainbuche, Narzisse, Ginkgo, Spitzmaus oder Mammut – möglich. Fragen wie »Was haben ein Grizzlybär, ein Koalabär und ein Waschbär in ihrer symbolischen Bedeutung gemeinsam und worin unterscheiden sie sich?« lassen sich leicht beantworten, denn insbesondere Pflanzen und Tiere sind in viele kleinere Gruppen aufgeteilt worden wie Bäume, Pilze, Obst, Heilkräuter, Affen, Greifvögel, Meeressäuger, Schlangen, Hirsche, Spinnen, Schmetterlinge und Amphibien, um einige zu nennen. Diese Unterteilung macht es möglich, nicht nur die allgemeine Bedeutung einer Pflanzen- oder Tierfamilie kennenzulernen, sondern auch die Eigenheiten der einzelnen Arten innerhalb dieser Familie.

Pferde-, Hunde- und Katzenliebhaber können in den betreffenden Kapiteln nachschlagen, welche symbolische Eigenart ihr eigenes Haustier hat. Von den Pferden werden 17, von den Hunden 29 und von den Katzen 8 Rassen aufgeführt.

Arbeitest du in irgendeiner Form mit Edelsteinen, kannst du dich im betreffenden Kapitel mit der Quintessenz verschiedener Edelsteine auseinandersetzen, um ihre tiefste Bedeutung und Hauptwirkung kennenzulernen und zu verstehen.

Blumen haben ihre eigene Sprache. Aber was sagt eine Schlüsselblume, ein Schneeglöckchen oder eine Stockrose nun genau? Im relativ großen Kapitel der Blumen findest du die Antworten darauf.

Auch für Studienzwecke ist dieses Lexikon sehr geeignet, da die enthaltenen Begriffe nach ihren Hauptwirkungen und Haupteigenschaften gruppiert worden sind. Beispielsweise kann nachgelesen werden, in welcher Hinsicht sich Laub-, Nadel- und Obstbäume symbolisch unterscheiden. Begriffe wie Brücke, Bucht, Eisberg, Fontäne, Heilquelle, Moor etc. haben alle mit Wasser zu tun. Sie als Gruppe zu untersuchen, führt zu einem tiefen Verständnis des Elements Wasser.

Die Einteilung nach Ebenen, Wirkungen und Aufgaben in diesem Buch hilft dabei, Ordnungen wie Alltagswirklichkeit, Traumwelt, Anderswelt, spirituelle Welt, schlummernde geistige Kräfte, höhere Kräfte des Selbst, Basiskräfte im Unterbewusstsein, Gefühle und Stimmungen, manipulierende Kräfte, heilende und schützende Naturkräfte, Bedürfnisse, Urängste, Kräfte der Erdenmutter, Mentalitäten, blockierende Kräfte und einige mehr zu verstehen.

Wir wünschen allen, die dieses Nachschlagewerk nutzen und studieren wollen, viele erkenntnisreiche und spannende Stunden!

Dank geht an meinen Lektor Guido Funke, der dem Inhalt dieses Buches eine korrekte und angenehme Form gegeben hat. Dank gebührt auch Adriaan van Veen, der das Cover gestaltet hat.

Element Erde – die Alltagswirklichkeit

Die Alltagswirklichkeit ist die Welt, in der du bist, wenn du wach bist. Sie ist die **physische Welt**, die gemeinhin als die Wirklichkeit bezeichnet wird. Diese Welt kann man auch die **Sinneswelt** oder die **Welt des Verstandes** nennen, denn es handelt sich um eine Welt, wie sie mittels der Sinneswahrnehmung vom Verstand interpretiert wird.

In dieser Welt findet man Gestalten, Körper, Formen und Dinge. Auch Wünsche und Bedürfnisse, Erinnerungen und Erfahrungen sowie Herausforderungen und Probleme gehören zu dieser Ebene. Eine gewisse Trägheit, Festigkeit, Starre und Undurchdringlichkeit sind ihr eigen. Diese Qualitäten verleihen einerseits Stabilität und Sicherheit, andererseits aber können sie auch Ausdruck für verschiedene Grade von Unbewusstheit sein. So finden wir auf dieser Ebene auch Verborgenes, Verdrängtes und Unbewusstes, und zwar in einer unzugänglichen, verschlüsselten Form.

Ein gebräuchliches Symbol für die oben beschriebene Wirklichkeit mit all ihren Facetten ist das »**Element Erde**«. Es wird oft als Quadrat dargestellt.

Die folgenden Symbole gehören zum Element Erde; sie haben einen besonderen Bezug zur Alltagswirklichkeit.

Abgrund

In der Nähe eines Abgrundes wird man äußerst vorsichtig, und das ist eine gute Reaktion, denn der Abgrund symbolisiert die Grenze, hinter der eine uralte Erfahrungswelt verborgen ist. Sie hat keine bewusste Beziehung zur momentanen Wirklichkeit. Man sollte sich nur Zugang zu dieser verborgenen Wirklichkeit verschaffen, wenn man gut vorbereitet (worden) ist und sich die nötigen Kräfte angeeignet hat.

Begraben

Eine Sache, die begraben wurde, kann energetisch nicht mehr zum Leben beitragen. Die Lösung ist meistens, die betreffende Sache wieder ans Tageslicht zu bringen und sie zu transformieren, sodass ihre Energie in positiver Form dem Organismus zur Verfügung steht.

Berg

Oben auf einem Berg zu stehen, nah am Himmel zu sein und tief unter sich das Alltägliche als Miniaturwelt wahrnehmen zu können, das erweckt befreiende, erhabene und mächtige Gefühle in uns. Wir betrachten das Gewöhnliche aus der Vogelperspektive, weshalb der Berg symbolisch für Überblick und höheres Wissen steht. Da man den Gipfel eines Berges nur durch große Anstrengung und mit viel Ausdauer erreicht, symbolisiert der Berg auch Erfolg und die eigenen Ideale.

Damm

Ein Damm zwingt das Wasser, langsamer zu strömen, oder bringt es sogar zum Stillstand. Symbolisch deutet der Damm auch auf eine Sache hin, die die Gefühle oder den Lebensfluss hemmt oder blockiert.

Erdbeben

Bebt die Erde, dann bricht das, was eine Gemeinschaft aufgebaut hat, zusammen. Symbolisch bedeutet ein Erdbeben den Zusammenbruch des vorhandenen Weltbildes. Aus brauchbaren Bruchstücken des alten Weltbildes und völlig neuen Informationen kann dann ein neues und zeitgemäßes Weltbild geformt werden.

Erdrutsch

Rutscht die Erde weg, gibt es keinen sicheren Boden mehr, auf dem man stehen könnte. Der Erdrutsch ist Symbol für einen Bereich im Leben, der nicht mehr sicher ist oder keinen Halt mehr gibt.

Felsen

Er verkörpert Einstellungen und Kräfte, die an sich unantastbar sind. Diese unnachgiebige Qualität kann, abhängig vom Kontext, sowohl günstig als auch ungünstig sein.

Felswand

Die Felswand stellt sich meistens als fast unüberwindliches Hindernis dar. Oft geht es darum, trotz der scheinbaren Aussichtslosigkeit einen Ausweg zu finden.

Gebirge

Das Gebirge steht für Lebensabschnitte, Situationen und Tätigkeitsbereiche, in denen große Anstrengungen erforderlich sind.

Grab

Eine Gestalt, die aus einem Grab kommt, zeigt einem oft Begebenheiten aus früheren Leben, die noch einen starken Einfluss auf das momentane Leben haben. Diese Wirkungen können in naher Zukunft aufgehoben oder transformiert werden. Manchmal fordern solche Gestalten einen auf, spirituell-magische Fähigkeiten, über die man in einer früheren Kultur verfügt hat, zu reaktivieren, um sie in der heutigen Zeit zum Wohle von Mensch und Natur einzusetzen.

Grotte

In einer Grotte gibt es die Möglichkeit, zur Traumwelt zu gelangen. Meistens ist der Zugang gut versteckt, um Unbefugten den Zutritt zu erschweren. Hast du gelernt, wie man vom normalen Sehen zum »Anders-Sehen« wechseln kann, dann tue dies, damit der verborgene Zugang unmittelbar sichtbar wird. Kennst du diese Technik nicht und begegnest du einer Gestalt in der Grotte, dann handelt es sich oft um den Hüter der Traumwelt. Bitte ihn, dir zu zeigen, wo der Zugang ist.

Grotte mit Quelle

Befindet sich eine Quelle in der Grotte, dann setze dich hin und lausche dem Rauschen des Wassers. Stimmen aus anderen Zeiten werden zu dir über Dinge sprechen, die dein Verstand nicht wirklich fassen kann.

Grube
In einer Grube wartet oft eine Lernaufgabe auf dich. Möglicherweise taucht im realen Leben dann bald ein Mensch auf, der dir für einige Zeit besonderes Wissen vermittelt.

Gruft
Entweder trifft man dort auf ein verschüttetes kreatives Potenzial oder man begegnet Gestalten aus der eigenen Ahnenreihe.

Hochebene
Ein Ideal ist Bestandteil der gelebten Wirklichkeit geworden. Ein neuer Wahrnehmungsmodus hat sich etabliert und wird fortan als »normal« empfunden.

Höhle im Gestein
Siehe: Grotte.

Höhle in der Erde
Sie ist in der Regel Aufenthaltsort von Naturgeistern, die gemeinsam bestimmte Lichtqualitäten auf das Irdische übertragen.

Hügel
Hügel sind Zentren, in denen kosmische Energien aufgefangen und transformiert werden. Die Naturwesen der umliegenden Landschaft bekommen dort die für ihre eigenen Zuständigkeitsbereiche angepasste Energie.

Insel
Inseln sind Gebiete, wo der Strom der Zeit langsamer fließt als auf dem Festland. In positiver Form deutet die Insel auf eine Möglichkeit des Rückzugs hin. In der Ruhe findet man wieder zu sich und man kann Wesen begegnen, die zu den inneren Ebenen gehören. In negativer Form stellt die Insel eine Erlebniswelt dar, die von Einsamkeit und Isolation geprägt ist.

Katakombe

In der Regel findet man in Katakomben Wesen und Gegenstände, die sich auf Glaubensinhalte und religiöse Werte beziehen, die für die heutige Zeit einer Anpassung bedürfen.

Keller

Der Keller ist der Aufenthaltsort für elementare und nährende Kräfte, die den Menschen in der nahen Zukunft unterstützen und versorgen. Findet man in einem Keller die Falltür zu einem noch tiefer liegenden Kellerraum, stößt man meistens auf destruktive Kräfte, die angenommen und umgewandelt werden wollen, um wieder aufbauend wirken zu können.

Klippe

Eine Klippe stellt eine Prüfung dar, in der man zeigen soll, dass man sich bestimmte Fähigkeiten angeeignet hat und ob sie spontan einsetzbar sind.

Krater

Ein Krater ist eine Art Narbe in der Erdoberfläche. Er bezeichnet meistens eine Struktur oder einen Bereich im Alltagsleben, die/der durch Wirkungen aus einem früheren Leben mehr oder weniger »beschädigt« ist.

Land, Erde

Ein Stück Land trägt und ernährt uns – es ist somit die Grundlage für unser Leben selbst. Land, Erde, **Boden** und **Grund** weisen auf Strukturen hin, die uns in der Wirklichkeit Sicherheit und die Möglichkeit zum Wachsen geben. Nicht selten stammt diese Grundlage aus einer früheren Inkarnation und ist in ihrer wesentlichen Form in der Kindheit noch einmal erlebt worden. Die besonderen Merkmale, die ein Stück Land hat, bezeichnen die genaue Beschaffenheit der Lebensgrundlage. Ist das Land zum Beispiel leicht hügelig, dann handelt es sich um eine Grundlage, die durch Unbeschwertheit und Naturverbundenheit geprägt wurde.

Ländliche Umgebung
Einfachheit, Natürlichkeit und Zufriedenheit sind in der Regel bezeichnend für eine ländliche Umgebung.

Schacht
Ein Schacht führt zu starren Basisstrukturen und -kräften, die nur noch unter besonderen Umständen wandelbar sind, zum Beispiel in einer spirituellen Beratung.

Schatzhebung
Die Hebung eines Schatzes symbolisiert das Reaktivieren einer außergewöhnlichen, verlorenen Fähigkeit oder Kraft. Die besonders großen Schätze stammen oft aus Atlantis.

Schlucht
Der Mensch, der in unbeweglichen Denk- und Gewohnheitsmustern gefangen ist, erkennt in einer Schlucht, dass es nur eine einzige Möglichkeit gibt, um sich zu befreien.

Steinbruch
Erinnerungen – Strukturen der Vergangenheit – werden aufgebrochen. Die befreite Energie kann anschließend für neue Projekte verwendet werden.

Tal
Im Gegensatz zur Insel, die uns vom Strom der Zeit abkapselt, ermöglicht das Tal eine Abschirmung vom allgemeinen Ideenfluss. In dieser milden Form der Isolation kann sich dann eine ganz eigene Kultur entwickeln.

Versteinerungen
An die Stelle lebendiger Wahrnehmung und lebendigen Erlebens sind starre Blickwinkel und tote Denkmuster getreten.

Wurzeln
Geistige Kräfte, die dem Erdenleben Halt geben und die die irdischen Elemente in Lebens- und Wachstumskräfte verwandeln.

Element Wasser – die Traumwelt

Die Alltagswirklichkeit ist die Welt der Dinge. Die Traumwelt ist die Welt der Eigenschaften dieser Dinge. Da die meisten Eigenschaften der Dinge nicht bewusst wahrgenommen werden, liegt die Traumwelt im Bereich des Unbewussten. Durch verschiedene Techniken ist es möglich, die Traumwelt als eine Wirklichkeit zu erleben, in der bewusst gehandelt werden kann. In diesem Fall wird die Traumwelt oft **Astralwelt**, **Seelenwelt** oder **Jenseits** genannt.

Ein Bruchteil der Eigenschaften der Dinge und Wesen in der Alltagswelt wird im Wachbewusstsein in Form von Gefühlen wahrgenommen.

Insbesondere Schamanen wissen, dass die Traumwelt die Welt der Lebenskraft, Schöpfungskraft und Heilkraft ist. Sie bereisen diese Welt, um diesen verborgenen Kräften zu begegnen und sie zu bitten, ihre Klienten zu heilen beziehungsweise ihre tief greifenden Probleme zu lösen.

Ein Symbol für die Traumwelt ist das »**Element Wasser**«. Es wird oft als liegender Mond dargestellt.

Die folgenden Symbole haben eine starke Beziehung zur Traumwelt. Bei ihnen geht es hauptsächlich darum, in welchem Zustand sie sind oder welche Qualitäten sie aufweisen.

Bach
Der Bach ist ein Symbol für die Lebenskraft und für den Lebensfluss. Optimal ist es, wenn das Wasser im Bach klar ist und strömt. Ist das Wasser trüb, deutet das auf Belastungen aus früheren Leben hin. Steht das Wasser still, gibt es keine wirkliche Entwicklung im Leben.

Badewanne
Die Badewanne ist ein Symbol für die Reinigung der Seele, manchmal auch für die Auflösung von Karma.

Becher
Im Becher befindet sich eine seelische Kraft oder ein astrales Wesen. Der Becher selbst symbolisiert die Verbindung mit dieser Kraft oder mit diesem Wesen.

Brücke
Eine Brücke verleiht Zugang zu seelischen Welten, die jenseits der normalen Traumerfahrung liegen. Nicht selten erscheint mitten auf der Brücke eine Gestalt, mit der eine Auseinandersetzung erforderlich ist, bevor sie den Weg freigibt. In der Landschaft hinter der Brücke findet man Kräfte, die Probleme in der Alltagswirklichkeit auf ungewöhnliche Art lösen können.

Brunnen
Im Brunnen findet man die Kraft aus der Tiefe, die verjüngt, heilt oder Wünsche erfüllt.

Bucht
In einer Bucht wirkt die zeitlose und stille Anziehungskraft des Weiblichen. In einer Meditation ist sie der ideale Ort, um dem inneren weiblichen Wesen zu begegnen.

Durst
Durst ist das Verlangen nach bewussten Beziehungen zu Dingen und Wesen. Es deutet auf ein wenig entwickeltes Gefühlsleben hin.

Eis
Eis deutet auf einen Gefühlsbereich hin, der durch übermäßige Verstandestätigkeit vollkommen erstarrt ist. Manchmal braucht es nur eine Änderung des Blickwinkels, um das Eis schmelzen zu lassen.

Eisberg

Der größte Teil eines Eisbergs liegt unter Wasser. Im Eisberg werden seelische Kräfte festgehalten, die größtenteils aus früheren Inkarnationen stammen.

Eisblumen

Sie stehen für abgekühlte Liebe oder für Gefühle, die nur noch schablonenhaft sind.

Ertrinken

Seelische Belastungen oder schwierige Umstände beengen einen so sehr, dass man nicht mehr imstande ist, »man selbst« zu bleiben.

Fluss

Wie der Bach symbolisiert er den Lebensfluss, jedoch weitreichender, das heißt: nicht nur auf die eigene Person bezogen, sondern auch auf Menschen und Situationen im Umfeld.

Flusslauf, ausgetrocknet

Ein ausgetrockneter Flusslauf steht für einen ehemaligen fruchtbaren Lebensbereich, aus dem jedoch jetzt keine Lebenskraft mehr bezogen werden kann.

Flut

Die Flut bedeutet eine Situation, in der man von Emotionen überwältigt wird, sodass ein vernünftiges Herangehen fast unmöglich ist.

Fontäne

Die Fontäne ist pure Schöpfungskraft, sie erhebt sich, um sich dann in Manifestationen zu ergießen.

Frost

Frost deutet auf Umstände hin, die keine Gefühle zulassen. Auch symbolisiert er die Konfrontation mit einer gefühlskalten Atmosphäre.

Gletscher
Er steht für fehlende Zuneigung oder direkte Ablehnung.

Gletscherspalte
Symbolisch weist sie auf eine seelisch isolierte Position hin, die der Hilfe von außen bedarf.

Hagel
Er deutet auf Vorgänge hin, die einen gefühlsmäßig sehr verletzen.

Heilquelle
Die Heilquelle zu finden bedeutet, über die Selbstheilungskräfte verfügen zu können.

Küste
Eine Küste ist ein Gebiet, wo sich Bewusstes und Unbewusstes berühren. Große emotionale Probleme lassen sich hier gut lösen.

Lagune
Eine Lagune ist das Symbol für Verliebtheit und Romantik.

Meer
Das Meer ist die große Mutter, das Unbewusste, aus der das Leben hervorgegangen ist.

Meeresgrund
Ist man in die Tiefen des Unbewussten vorgedrungen, findet man auf dem Boden des Meeres den verlorenen Schlüssel zu den atlantischen Kräften.

Moor
Das Moor ist ein seelisches Gebiet, das man gern meidet, denn dort warten unangenehme Wahrheiten und unheimliche Wesen auf einen.

Nebel

Im Nebel verliert man jegliche Orientierung und es ist unvorhersehbar, was einen im nächsten Moment erwartet. Er symbolisiert Zustände der Verwirrung und Unsicherheit, die eine stark lähmende Wirkung auf das normale Leben haben.

Quelle

Aus einer Quelle tritt Schöpfungskraft und neue Energie hervor. Die Eigenschaften und der Zustand der Quelle sagen aus, wie es um diese Energie bestellt ist.

Regen

Regen symbolisiert eine Wiederbelebung der Gefühlssphäre. Genau wie Tränen befreien auch Regentropfen das Gemüt von Belastendem, sodass Erleichterung und Glück wieder einkehren können.

Regenschirm

Ein Regenschirm deutet nicht selten darauf hin, dass befreiende Gefühle nicht zugelassen werden.

Riff

Ein Riff deutet auf Schwierigkeiten hin, die man möglicherweise im Moment nicht angehen sollte, da der Ausgang zu ungewiss ist.

Schnee

Schnee kann einen friedlichen Zustand symbolisieren, weil bestimmte Emotionen besänftigt wurden. Er kann aber auch auf das Fehlen von Emotionen hinweisen.

Schwimmbad

Das eigene Gefühlsleben lernen wir im Schwimmbad kennen: beim Schwimmen, Tauchen, Spielen, Flirten und beim Trockenwerden auf der Wiese.

See

Auch der See spiegelt die innere Welt der Gefühle wider, aber es handelt sich hier um eine Schicht, die geheimnisvoller und unergründlicher als die im Schwimmbad erlebte Ebene ist. Imaginationen aus längst vergessenen Zeiten und Welten können hier auftauchen.

Springbrunnen

Der Springbrunnen steht für eine Energie, die ganze Seelenbereiche beleben und zur Entfaltung bringen kann.

Strand

Am Strand vermischen sich Alltagsrealität und Traumwelt. Die Gesetze beider Realitäten können hier gleichzeitig wirken, was zur Folge hat, dass sehr ungewöhnliche Phänomene auftreten können. Griechenland mit seinen vielen Stränden ist ein typisches Land, in dem man Dinge erleben kann, die gleichzeitig Traum und Realität sind.

Sumpf

Ein Sumpf deutet auf negative Gefühle und stark hemmende Gefühlsmuster hin.

Tauchen

Im Tauchen erkundet man unbekannte Gefühlsbereiche.

Tauen

Taut etwas auf, dann wird eine seelische Kraft aus starren Mustern befreit.

Teich

Der Teich ist eine innere Welt der Gefühle und der vergessenen Sehnsüchte.

Ufer

Ein Ufer symbolisiert die Grenze zwischen Verstand und Gefühl.

Wasserfall
Der Umfang und die Höhe eines Wasserfalls verraten, wie groß die schöpferische Wirkung eines bestimmten Projektes oder einer bestimmten Person ist.

Wellen
Wellen symbolisieren Bewegung, Emotion, Belebung.

Winter
Im Winter hat sich die Lebenskraft in der Natur fast vollständig zurückgezogen. Auch der Mensch zieht sich zurück und nimmt weniger am Leben teil. Symbolisch deutet der Winter auf eine Zeit hin, in der der Verstand dominiert und Gefühle weniger Spielraum haben.

Wolken
Wolken sind Stimmungen, sie können negativ, neutral oder positiv sein.

Element Feuer – die Anderswelt

In der Traumwelt gibt es verschiedene Tore, die zu der nächsten Welt führen: der Anderswelt. Sie wird auch **magische Welt** oder **zweite Wirklichkeit** genannt. Alles in dieser Welt besteht aus lebenden Energiefasern. Die Wesen, die hier zu Hause sind, können ihre Form einfach wechseln, indem sie ihre Energiefasern auf eine neue Art bündeln.

Die Anderswelt ist die Welt der Macht, der Magie und der Verwandlung. Das Symbol für die Anderswelt ist das »**Element Feuer**«. Bildlich wird dieses Element als Dreieck mit der Spitze nach oben dargestellt.

Die folgenden Symbole haben eine Beziehung zur Anderswelt. Viele davon haben mit dem Wechseln von einer Form in eine andere zu tun.

Abbrennen
Brennt etwas ab, dann verschwindet die bestehende äußere Form. Die Idee existiert weiter und taucht oft später in einer neuen Gestalt wieder auf. Das Abbrennen symbolisiert in der Regel die Vernichtung einer alten – und oft nicht mehr passenden – Form, damit eine Erneuerung stattfinden kann.

Backen
Als Kind haben wir noch gestaunt darüber, dass aus Mehl, Milch, rohen Eiern und Butter herrliche Pfannkuchen entstehen, indem man sie vermischt und die Mischung dem Feuer aussetzt. Symbolisch ist das Backen ein alchemistischer Prozess, in dem Stoffe, Dinge oder Wesen in eine höhere Form überführt werden.

Blitz
Der Blitz hat mit einer Vision oder mit der Offenbarung eines Geheimnisses zu tun. Erlebst du auf einer Geistreise irgendwo einen Blitzeinschlag, dann konzentriere dich auf diese Stelle und denke

gleichzeitig daran, dass kurz zuvor der Blitz da war. Du wirst nach und nach die Gestalt eines Wesens erkennen. Es hat sich dir zuvor als Blitz gezeigt und zeigt sich dir jetzt in einer für dich besser verständlichen Form. Es wird dir eine neue Form von Wissen, Wahrnehmung oder Macht vermitteln.

Brand
Ein Brand deutet auf einen Prozess hin, der in der Alltagswelt zerstörerisch wirkt.

Fackel
Die Fackel steht symbolisch für das Vertrauen in die eigenen Fähigkeiten.

Fegefeuer
Das Fegefeuer deutet auf einen sehr intensiven Prozess hin, in dem hemmende oder unreine Teile aus einer Substanz oder einem Wesen »herausgeglüht« werden.

Flamme
Eine Flamme ist Symbol für eine magisch anziehende Kraft. Sie führt die Aufmerksamkeit in eine Dimension der Inspiration, Liebe oder Kreativität.

Gewitter
Ein Gewitter symbolisiert die Befreiung von Kräften aus der Vergangenheit. Ist der Ort, wo das Gewitter auftritt, ein Friedhof, dann werden diese Kräfte oft als ein Gespenst wahrgenommen. Es fordert einen auf, eine bestimmte Handlung auszuführen, damit es endgültig erlöst wird.

Herd
Der Herd symbolisiert die versorgende, nährende und wärmende Kraft im Inneren.

Hitze

Große Hitze deutet auf eine Kraft hin, die den Willen schwächt oder sogar lahmlegen kann. Das muss nicht unbedingt negativ sein, denn es kann auch ein Überschuss an Willen vorhanden sein.

Kamin

Besonders nach einem kalten, anstrengenden oder erlebnisreichen Tag ist es wunderschön, bei einem Kaminfeuer zu sitzen und sich in den Bann der Flammen ziehen zu lassen. Symbolisch ist der Kamin selbst ein Tor, durch das magische Kräfte – wie es in gewisser Hinsicht auch die Liebe ist – Zugang zu unserer Welt haben.

Kerze

Eine Kerze symbolisiert Inspiration aus einer höheren Ebene. Begegnest du in einem Klartraum oder auf einer Geistreise einer Gestalt mit Kerze, dann folge ihr. Sie wird dir völlig neue Erkenntnisse und Prinzipien vermitteln.

Lagerfeuer

Das Lagerfeuer deutet auf einen Bereich hin, in dem Gefühle der Verbundenheit wirksam werden.

Lampe

Die Öllampe bezeichnet eine geistige Kraft, die mit Weisheit und Führung zu tun hat.

Ofen

Der Ofen ist Symbol für eine zentrale Kraft, die uns schützt und nährt. In ihrer Nähe fühlen wir uns wohl.

Streichholz

Ein Streichholz symbolisiert das Wesen der Alchemie und der Magie.

Verbrennen, etwas verbrennen
Das Verbrennen einer Sache symbolisiert die endgültige Trennung der gefühlsmäßigen oder magischen Bindung, die man zu dieser Sache hat.

Verbrennen, sich verbrennen
Wenn man sich die Hand verbrennt, zieht man diese blitzschnell aus dem Bereich, wo es viel zu heiß ist, zurück. Sich an irgendetwas zu verbrennen deutet auf Entscheidungen oder Handlungen hin, die entgegen der Erwartung einem selbst Schaden zufügen. Solche Entscheidungen sollten sofort widerrufen und solche Handlungen sollten sofort abgebrochen werden.

Vulkan
Bei einem Vulkanausbruch können ganze Städte und Landschaften endgültig ausgelöscht werden. Der Vulkan deutet auf einen Bereich hin, in dem Energien mit großem Zerstörungspotenzial schlummern. Man sollte sich diesem Bereich nur nähern, wenn man von einer mächtigen Gestalt begleitet wird oder einen anderen sehr guten Schutz hat.

Element Luft – die spirituelle Welt

Die spirituelle Welt ist die Quelle der vorigen drei Welten. Sie wird auch **Geisteswelt**, **Geisterwelt** oder **archetypische Welt** genannt.

In der spirituellen Welt findet man Inspiration sowie Ideen und Lösungen. Der Kontakt mit dieser Welt weckt Gefühle der Freiheit und des Glücks in uns. Das Symbol für die spirituelle Welt ist das **»Element Luft«**. Bildlich wird dieses Element als Kreis dargestellt.

Die folgenden Symbole haben eine Beziehung zur spirituellen Welt. Viele davon haben mit Befreiung und Entfaltung zu tun.

Fächer
Wenn es sehr warm ist, ist der Geist gewöhnlich träge. Man kann dann einen Fächer halbkreisförmig aufklappen, um dem Kopf kühle Luft zuzuwedeln. Symbolisch ist der Fächer eine Kraft, die geistige Fähigkeiten in uns wachruft.

Fallschirm
Mit einem Fallschirm wird man von der Luft getragen und vom Wind geführt. Er verhindert einen harten Aufprall auf die Erde. Der Fallschirm stellt den Schutz durch den Geist dar, wenn man neue irdische Ziele ansteuert.

Feder
Die Feder eines Vogels ist symbolisch ein spirituelles Wesen. Schwebt in einer Meditation eine Feder herab, dann bitte die Feder, sich als Wesen zu zeigen.

Fliegen
Das Fliegen in einem Klartraum ist eine beglückende Erfahrung. Es symbolisiert die Befreiung von den Fesseln der Verstandeswelt.

Flügel

Flügel symbolisieren die Führung von einem spirituellen Wesen. Es schenkt uns alle Ideen und Fähigkeiten, die wir für ein bestimmtes Projekt brauchen.

Himmel

Der Himmel symbolisiert grenzenlose Freiheit, Inspiration und Glück.

Orkan

Ein Orkan ist Symbol für tief greifende Änderungen, wobei alles, was keine gute Verankerung in der Erde hat, weggefegt wird.

Sturm

Der Sturm bezeichnet eine große geistige Herausforderung.

Wind

Der Wind ist Symbol für die Geisteskraft, die eine spirituelle Entwicklung ermöglicht.

Wirbelwind

Ein Wirbelwind in Meditationen ist ein sogenannter Hüter. Dieses Geistwesen, das auch »Protektor« genannt wird, stammt aus der atlantischen Bewusstseinsschicht im Menschen. Es wirkt stark bewusstseinsändernd und verhindert dadurch die meditative Wahrnehmung der atlantischen Ebene. Die Wandlung eines Protektors ist durch eine tief greifende spirituelle Schulung möglich.

Gestein – schlummernde geistige Kräfte

Gestein und verwandtes Material symbolisieren geistige Basiskräfte, die oft einer Befreiung aus der Erstarrung bedürfen. Intensive Arbeit ist erforderlich, um diese Kräfte zu kultivieren, damit sie zu Glück und Erfolg führen können.

Alabaster
Alabaster symbolisiert eine mächtige schützende Kraft, die entwickelt werden kann.

Basalt
Mit diesem Gestein sind Geistwesen verbunden, die einen Zugang zu einer anderen Dimension bewachen. In solchen Dimensionen existieren verschiedene Zeitschichten oft »gleichzeitig«.

Erz
Ein Stück Erz steht für eine Basisidee, die vieler Versuche und Experimente bedarf, um in eine brauchbare Form gebracht zu werden. Die Auseinandersetzung mit der Idee garantiert großes persönliches Wachstum.

Gips
In Gegenständen aus Gips fehlt der Geist.

Granit
Die Konfrontation mit einem großen Brocken Granit bietet die Möglichkeit, eine geistige Kraft als Helfer zu gewinnen. Dieser Helfer ist imstande, für dich große Hindernisse zu überwinden und schwere Probleme zu lösen. Stößt man auf Granit, sollte man möglichst bald erkennen, dass eigene Anstrengungen zu nichts führen würden. Gestehe dir ein, dass du dieses Material nicht bearbeiten und seine Form nicht wandeln kannst. Dann bitte den Geist des Granitblocks, dir zu helfen. Er wird erfreut sein und dir zeigen, dass er dieses Material beherrscht und in brauchbare Formen bringen kann.

Holzkohle

Holzkohle regt die Fantasie an. Sie führt in das Reich der Imagination.

Kalk

Kalk symbolisiert die Kraft, die eine innere Leere hervorrufen kann. Diese Leere ist Ausgangspunkt und Grundlage für kreative Entfaltung und persönliche Gestaltung.

Kohle

Kohle symbolisiert ein verborgenes geistiges Potenzial, das darauf wartet, im realen Leben eine materielle Gestalt annehmen zu können.

Kreide (Kalkstein)

Ein Stück Kreide bezeichnet eine flüchtige Idee. Auch kann sie eine Lösung darstellen, die nur für einen begrenzten Zeitraum gedacht ist.

Lehm

Lehm symbolisiert eine Idee, die noch weiterentwickelt werden soll. Auch kann er eine Idee bezeichnen, die einer Anpassung bedarf, weil sie nicht mehr ganz zeitgemäß ist. Ferner kann Lehm auf einen hemmenden Umstand hinweisen. Mit der richtigen Einstellung kann aber diese »zähe« Situation der Ausgangspunkt für kreative Veränderungen sein.

Marmor

Marmor symbolisiert geistige Unbeweglichkeit und stellt eine große Herausforderung dar.

Sand

Sand symbolisiert einen Zustand, in dem Strukturen fehlen oder nur für kurze Zeit vorhanden sind. Das Wachbewusstsein ist zwar vorhanden, aber kaum noch an die normale Verstandesstruktur gebunden. In diesem Zustand ist es sehr leicht, im Zweitkörper aufzuwachen.

Speckstein (Seifenstein)
Speckstein ist verbunden mit einer Kraft, die zu höheren mentalen Fähigkeiten führt.

Steine
Steine symbolisieren Aufgaben und Herausforderungen, die einen auf die nächste Entwicklungsstufe vorbereiten.

Ton (Bodenart)
Ein Stück Ton hat eine große Anziehungskraft auf Elementarwesen. Menschen, die viel und gern mit Ton arbeiten, haben eine Vielzahl von Elementarwesen in ihrer Nähe.

Edelsteine – die höheren Kräfte des Selbst

Edelsteine haben eine besondere Beziehung zu den Augen und zum Sehen. Sie verkörpern die höheren Kräfte des Selbst, wie zum Beispiel Reinigung, Heilung, Glück, Herzensgüte und Liebe. Die Geistwesen, die mit den Edelsteinen verbunden sind, verfügen über uralte magische Kräfte: Sie wandeln beispielsweise Träume, bieten Schutz, geben Hilfe, verleihen Jugendlichkeit, ermöglichen die Wahrnehmung der Elementarwelt und vieles mehr. Durch das Tragen von Edelsteinen ermöglicht man den zugehörigen Wesen, ihre jeweilige Macht zu entfalten. Die höheren Kräfte des Selbst helfen dir, die Schönheit der Welt und des Lebens (wieder) wahrnehmen zu können.

Achat
Die Kraft im Achat ermöglicht es dem Höheren Selbst, leichter und direkter im Leben zu wirken. Auswirkungen sind unter anderem: Bewusstwerdung der eigenen Identität, persönliche Entwicklung und Zugang zur imaginativen Welt.

Alexandrit (eine Chrysoberyll-Varietät)
Die Kräfte in diesem Stein stärken den Willen und das Vertrauen in die eigenen Fähigkeiten. Eine vorhandene magische Begabung entwickelt sich rasch.

Amethyst (violette Quarz-Varietät)
Die Kraft, die mit dem Amethyst verbunden ist, wirkt auf das innere Herzchakra. Es entsteht eine Stille, in der das Bewusstsein sich ausweitet, jedoch ohne seine Klarheit zu verlieren.

Apachentränen (Rauchobsidian)
Apachentränen können dich zu einem Geistwesen (einem Hüter) führen, das dir Zugang zur zweiten Wirklichkeit gewähren kann. Hier verstärken sich die Intuition und die hellseherische Begabung und können auch in der ersten Wirklichkeit genutzt werden.

Aquamarin (blauer Beryll)

Die Kraft des Aquamarins gewährt Zugang zu sehr tiefen meditativen Ebenen. Dabei bildet sich in der Aura des meditierenden Menschen eine neue Struktur, in der Erzengelkräfte direkt wirken können.

Aventurin

Im Aventurin wirken Feenkräfte. Diese Kräfte heilen das, was gespalten ist, und vereinen das, was getrennt ist. Sie machen das Herz leicht und heiter.

Azurit

Azurit vereint verschiedene mentale Strukturen zu einer Art von Mega-Struktur. Diese ermöglicht Durchblick in sehr komplexen Angelegenheiten.

Bergkristall (farbloser Quarz)

Die Kraft im Bergkristall bewirkt Klarheit in der Seele und Reinheit im Vitalkörper.

Bernstein

Bernstein verleiht die Kraft, im Gewöhnlichen das Wunderbare zu entdecken. Er macht sorglos glücklich.

Beryll

Siehe: Aquamarin, Goshenit, Heliodor, Morganit, Smaragd.

Brillant (Diamant im Brillantschliff)

Der Brillant zieht Menschen, Dinge und Situationen an, die für seinen Besitzer sehr wertvoll sind.

Calcit (Kalzit, Kalkspat)

Im Calcit wirken starke Kräfte, die die Konzentration und die Wahrnehmung des Selbst erhöhen. Es wird leichter, sich an Träume und dort vermitteltes Wissen zu erinnern.

Chalcedon, blau-weißer

Die Kraft des blau-weißen Chalcedons macht geistig frei. Er beflügelt seinen Besitzer und vermehrt seine sozialen Kontakte.

Chrysokoll (Kupfergrün)

Im Chrysokoll wirkt die Lebenskraft, die das Herz mit der Erde verbindet. Die Liebe zum Irdischen wird gestärkt und die Schönheit der Natur intensiv erlebt.

Chrysopras

Der Chrysopras schenkt Lebensfreude und die Kraft, mühelos und unbeschwert schwierige Situationen zu meistern.

Citrin (gelbe bis orangebraune Quarz-Varietät)

Die Kraft im Citrin öffnet das Bewusstsein für eine Ebene hinter dem Denken. Ein Gefühl von zeitloser Verbundenheit mit dem Leben selbst wird erfahrbar.

Diamant

Ein Diamant ist wunderschön, sehr wertvoll und praktisch unzerstörbar. Durch enormen Druck über eine sehr lange Zeit ist aus der dunklen Materie ein Material geworden, das Licht in zahllosen wunderschönen Facetten zeigen kann. Der Diamant ist vollständig vom Licht durchdrungen und gibt einem die nötige Kraft, einen langen und schwierigen Weg gehen zu können, ohne auch nur eine Daumenbreite von ihm abweichen zu müssen. Auch in der Treue zu einem Ideal wirkt der Diamant.

Druse (Geode)

Die Druse hat ein begrenztes, meistens ei- oder kugelförmiges Energiefeld mit einem spirituellen Wesen im Zentrum. Sein Energiefeld hat eine Ähnlichkeit mit der Aura eines Menschen.

Falkenauge

Das Falkenauge zentriert. Es gibt die Kraft, sich Ziele zu setzen und diese Ziele trotz aller Hindernisse zu verfolgen.

Feueropal

Feueropal macht den Träger unsichtbar für verschiedene Arten von böswilligen Geistwesen.

Fluorit (Flussspat)

Fluorit öffnet die höhere mentale Ebene im Menschen, wodurch eine klare Kommunikation mit dem Höheren Selbst möglich wird.

Goshenit (farbloser Beryll)

In verwirrenden Situationen hilft die Kraft dieses Edelsteins, das Wesentliche vom Unwesentlichen zu unterscheiden. Sie gibt die Ruhe und die Intuition, um genau die Handlung auszuführen, die das komplexe Problem löst.

Granat

Die Kraft im Granat wirkt positiv auf die Entfaltung der Kundalini-Kraft. Große Ideale und gemeinschaftliche Ziele können dadurch leichter verwirklicht werden.

Hämatit (Blutstein)

Der Hämatit gibt dem Verstand die Kraft, zu unterscheiden, welche Menschen uns guttun und welche uns schaden.

Heliodor (Goldberyll)

Das Wesen des Heliodors stärkt die Lebenskraft. Es gibt Selbstvertrauen und schützt gegen magische und andere Fremdeinflüsse.

Heliotrop (Blutjaspis)

Die Kraft dieses Steins hilft, zu vergeben und die innere Harmonie wiederherzustellen.

Hyazinth (rötlicher Zirkon)

Dieser Stein reguliert das Kräfteverhältnis zwischen dem männlichen und weiblichen Prinzip, und zwar sowohl im Menschen selbst als auch in seiner Umgebung. Dadurch können zum Beispiel Wünsche leichter realisiert werden.

Jade

Jade verstärkt Lebenskraft und Lebenslust. Sie ermöglicht die Erfahrung wahrer Lebensfreude.

Jaspis

Die Kraft des Jaspis hilft, in verwirrenden Situationen zu Konzentration und innerem Gleichgewicht zu finden.

Karneol (eine Chalcedon-Varietät)

Karneol macht schnell und zielgerichtet. Er hilft dabei, die eigene Lebensaufgabe zu finden und zu verwirklichen.

Katzenauge (eine Chrysoberyll-Varietät)

Dieser außergewöhnliche Edelstein schärft den Blick für Gefahren und bietet Schutz vor Angriffen von böswilligen Geistwesen.

Koralle, blaue

Dieser Stein hilft dabei, das eigene Ego zu akzeptieren und im Leben zu integrieren.

Koralle, rosa

Die rosa Koralle intensiviert die Beziehung zu der eigenen Seele. Emotionen, Gefühle, Träume, Sehnsüchte und Leidenschaften werden Teil der erlebten Wirklichkeit.

Koralle, rote

Die Kraft der roten Koralle schützt, nährt und stellt Harmonie her.

Koralle, schwarze

Die schwarze Koralle bringt verborgenes Potenzial zum Vorschein. Neue Formen können so in dein Leben eintreten.

Koralle, weiße

Die weiße Koralle hat eine anregende Wirkung auf die Lebenskräfte im Menschen. Die befreiten Energieströme machen einen besseren Kontakt zur imaginativen Ebene möglich.

Korund

Dieser Stein hilft bei der Öffnung des dritten Auges und ermöglicht so die Wahrnehmung bislang unbekannter Welten und Möglichkeiten.

Kunzit

Die Kraft in diesem Edelstein verhilft zu großer geistiger Konzentration.

Labradorit

Labradorit weckt den Künstler in uns. Er drängt uns dazu, Empfindungen und innere Bilder nach außen zu tragen und ihnen Form zu geben.

Lapislazuli (Lasurstein)

Lapislazuli öffnet die Tore zu Traum- und Trancewelten. Kontakt zu verschiedenen Arten von Geistwesen kann aufgenommen werden.

Larimar (Pektolith-Varietät)

Larimar verstärkt die Beziehung zu Elementarwesen und macht eine Zusammenarbeit zur Realisierung der eigenen Wünsche und Träume möglich.

Lepidolith

Lepidolith zieht das Bewusstsein in eine Zwischenwelt hinein. Dort herrscht eine Sehnsucht nach Vergangenem.

Magnesit

Magnesit macht einen meditativen Zugang zum Niederen (karmischen) Selbst möglich. Nimmt man es an, so wie es ist, kann es sich entfalten und wandeln.

Magnetit (Magneteisen)

Dieser Stein gibt dir die Kraft, innere Blockaden zu lösen, damit du deine Ideale verwirklichen kannst.

Mahagoniobsidian
Der Mahagoniobsidian beseitigt Ängste vor großen
Herausforderungen und Prüfungen.

Malachit
Malachit macht in gewisser Hinsicht das Unsichtbare sichtbar. Wir
erkennen unter anderem Omen im alltäglichen Leben und
verstehen die verborgenen Botschaften in Träumen.

Moldavit
Moldavit macht empfänglich für kosmische Inspirationen,
unterdrückt dafür aber die natürlichen Impulse im Menschen.

Mondstein
Der Mondstein hat die Kraft, Menschen tief in Gefühlswelten
hineinzuziehen.

Moosachat (Mokkastein)
Moosachat bewirkt, dass das eigene Ich des Menschen durch nicht
mehr zeitgemäße Ideale negativ beeinflusst wird.

Morganit (rosafarbener Beryll)
Morganit bewirkt die Liebe zum Höheren Selbst und die Verehrung
von hoch spirituellen Inhalten.

Nephrit
Nephrit absorbiert und neutralisiert emotional-seelische Angriffe.
Fremdmanipulation und Liebeszauber verlieren so ihre Macht.

Obsidian, schwarzer
Schwarzer Obsidian hat die Macht, in das Unterbewusstsein
eingekapselte Dinge rigoros zu befreien, sodass im Leben neue
Kapitel aufgeschlagen werden können.
Siehe auch: Apachentränen (Rauchobsidian), Mahagoniobsidian,
Regenbogenobsidian und Schneeflockenobsidian.

Onyx (Chalcedon-Varietät)
Onyx verstärkt irdische und egoistische Impulse und Wünsche. Man läuft eventuell Gefahr, etwas zu weit über die Grenze des gesunden Egoismus hinauszuschießen.

Opal, heller
Heller Opal öffnet die Tore zu Traum- und Fantasiewelten. Wichtig ist, nicht den Boden unter den Füßen zu verlieren und ein gesundes Interesse am Irdischen zu bewahren.
Siehe auch: Feueropal.

Peridot (Chrysolith, Olivin)
Peridot gibt die Ruhe und die innere Kraft, zur richtigen Zeit die richtige Handlung auszuführen.

Perle
Perlen helfen bei der Verarbeitung von schmerzhaften Erfahrungen, die notwendig für die persönliche Entwicklung sind.

Prasem (grüne Jaspis-Varietät)
Diese Jaspis-Varietät zügelt aggressive Kräfte und lenkt sie in kreative Bahnen.

Prasem (Smaragdquarz)
Smaragdquarz macht eine effektive Zusammenarbeit mit kleinen Elementarwesen möglich.

Purpurit
Purpurit lenkt den inneren Blick auf Umstände, die den eigenen Lebensweg behindern. Er gibt die Kraft, sie eingehend zu analysieren, damit schnelle und sinnvolle Lösungen gefunden werden können.

Pyrit
Pyrit hilft dem Schüler, die Stationen seines spirituellen Weges zu erkennen und dort das Richtige zu tun.

Quarz

Siehe: Amethyst, Bergkristall, Citrin, Prasem, Rauchquarz und Rosenquarz.

Rauchquarz (Morion; rauchfarbene bis schwarze Quarz-Varietät)

Rauchquarz löst Denkblockaden und hilft, aus alten Denkmustern auszubrechen. So fördert er die eigene Unabhängigkeit.

Regenbogenobsidian

Durch die Kraft des Regenbogenobsidians ist es möglich, die Welt wieder als einen mystisch-magischen Ort zu erleben.

Rhodochrosit

Rhodochrosit macht sanftmütig und liebevoll. Er macht es möglich, die harmonischen und schönen Seiten des Lebens wieder wahrzunehmen.

Rhodonit

Rhodonit ist der Schlüssel zu der Grotte von Ali Baba. Hier findet man einen Schatz aus verborgenen Talenten, kreativen Ideen und Problemlösungen.

Rosenquarz

Rosenquarz verkörpert die idealisierte Liebe: Man sieht die Welt – auf gesunde Art – durch eine rosarote Brille.

Rubin (Korund-Varietät)

Der Rubin hilft dabei, sich für den eigenen inneren Weg zu entscheiden und diesen mit Selbstvertrauen zu gehen.

Saphir (Korund-Varietät)

Der Saphir gibt seinem Besitzer die Kraft, dem eigenen inneren Weg treu zu bleiben. Das erforderliche Wissen wird einem zu rechter Zeit zugetragen.

Sarder (eine rötliche oder fleischfarbene Chalcedon-Varietät)
Die Kraft des Sarders hilft einem, zur wahren Liebe zu finden.

Schneeflockenobsidian
Der Schneeflockenobsidian verleiht die Fähigkeit, Schattenwesen zu erkennen und unbemerkt zu beobachten. Sie verlieren dadurch die Möglichkeit, dich zu beeinflussen.

Selenit (Marienglas, Frauenglas, Spiegelstein)
Selenit macht die Wahrnehmung von Gestalten und Wesen aus der Seelenwelt möglich.

Siderit (Eisenkalk, Eisenspat, Stahlstein)
Siderit schenkt einem die Begeisterung für eine besondere Sache, um einer trostlosen Situation entfliehen zu können. Man läuft dabei aber Gefahr, zu stark von dieser Begeisterung beherrscht zu werden.

Smaragd, roter (dunkelroter Beryll)
Dieser Edelstein öffnet das Bewusstsein für die Höhere Seele, wodurch diese im Alltagsleben wirksam werden kann.

Sodalith
Sodalith öffnet den Blick für die wahre Gestalt des Selbst und hilft so, aufgezwungene Verhaltensregeln sowie Zwänge und Abhängigkeiten zu durchbrechen.

Sonnenstein (Oligoklas-Varietät)
Der Sonnenstein führt zu einer optimistischen Lebenseinstellung. Sorgen und Ängste verschwinden. Das Glücksgefühl aus der Kindheit kehrt wieder.

Tigerauge (Goldquarz)
Das Tigerauge schützt den Träger und verleiht das Gefühl von Geborgenheit. Mögliche einschränkende Wirkungen in der Umgebung werden rechtzeitig erkannt.

Tigereisen

Tigereisen entfacht das innere Feuer im Menschen. Es macht vital, entschlossen und willensstark.

Topas

Der Topas führt zur Quelle der inneren Schöpfungskraft und bringt sie ins Leben zurück.

Türkis

Die Kraft im Edelstein Türkis fördert alle Sinneswahrnehmungen und führt zu einem intuitiven Erfassen von Situationen und Begegnungen. Gefahren werden schneller erkannt.

Turmalin, grüner

Der grüne Turmalin etabliert das innere Gefühl von Wohlbefinden, das sich in der Realität als Wohlstand manifestiert.

Turmalin, schwarzer

Der schwarze Turmalin ist von einer Art von Schutzraum umgeben, in dem schädliche Kräfte schwer eindringen können.

Turmalinquarz

Turmalinquarz macht es leichter, Quellen von verborgenem Wissen aufzuspüren und anzuzapfen.

Metalle – die Einstellungen

Die Art, wie wir wahrnehmen, denken, fühlen und handeln, ist bei uns Menschen sehr verschieden. Auch die Beziehungen dieser vier Funktionen untereinander variieren. Es gibt verschiedene Grundformen, in denen die vier auf eine ganz bestimmte Weise strukturiert sind. Bewusstsein, Haltung und Verhalten haben dabei eine besondere Ausprägung, die man die Einstellung des betreffenden Menschen nennen könnte. Diese Einstellungen werden durch die Metalle symbolisiert.

Aluminium
Aluminium ist verbunden mit einer Einstellung, die durch eine gewisse Offenheit, Leichtigkeit und Anpassungsfähigkeit gekennzeichnet ist.

Blei
Blei weist dich auf festgefahrene Verhaltensweisen und erstarrte Denkmuster hin. Es gibt dir den Impuls, diese starren Formen langfristig wandeln zu wollen.

Bronze
Bronze zeigt, dass du zu stark auf ein Ziel fixiert bist. Die Folge ist, dass du den Sinn der Tätigkeit aus den Augen verlierst und dabei die Freude am Tun verloren geht.

Chrom
Chrom verleiht einem gedanklichen Inhalt eine klare und sachliche Form, wodurch er von der Außenwelt gern angenommen wird.

Eisen
Eisen symbolisiert die unerbittliche Haltung, die es ermöglicht, mit geringem Aufwand große Wirkungen zu erzielen.

Gold

Gold bringt das Schöne in den Dingen zum Vorschein. Es erhöht Schwingungen, harmonisiert Beziehungen sowie Atmosphären und veredelt Geistiges.

Kupfer

Kupfer symbolisiert die Freude an schönen Formen, harmonischen Beziehungen und kreativer Gestaltung.

Messing

Messing vereint das Nützliche mit dem Schönen.

Nickel

Nickel symbolisiert Produkte, die zwar langlebig, aber eher von geringerer Bedeutung sind.

Platin

Platin reproduziert Formen in großen Mengen. Diese Formen beeindrucken zwar, sind aber nicht besonders originell.

Quecksilber

Quecksilber symbolisiert stetigen Austausch, Wechselwirkung und Anpassung.

Silber

Silber erschließt den Reichtum der nicht materiellen Welten. Fantasie, Traum und Imagination treten in den Vordergrund.

Stahl

Stahl symbolisiert Unbeugsamkeit und Unnachgiebigkeit. Meinung, Haltung und Verhalten werden niemals geändert.

Zink

Zink weist auf Ideen und Produkte hin, die zwar funktionieren, aber nicht besonders wertvoll sind.

Zinn

Zinn fördert das Zusammenarbeiten der vorhandenen Kräfte, um Großes, Bedeutendes und Erhabenes hervorzubringen.

Bäume – die Basiskräfte im Unterbewusstsein

Bäume repräsentieren mächtige unterbewusste Kräfte, die die drei Grundelemente der Alltagswirklichkeit hervorrufen: Form, Leben und Wahrnehmung. Auch verbinden sie verschiedene Ebenen miteinander. Die verschiedenen Teile eines Baums symbolisieren Energiezentren und Kraftfelder im Menschen:

Baumkrone
Die Krone eines Baums symbolisiert die Verbindung mit den kosmischen Kräften und der kosmischen Weisheit. Im Menschen geschieht dies über das Kronenchakra.

Baumstamm
Der Stamm eines Baums symbolisiert die Verbindung mit den Lebenskräften, die zwischen Himmel und Erde fließen.

Baumwurzeln
Die Wurzeln eines Baums symbolisieren die Verbindung zu den nährenden und stützenden Erdenkräften. Im Menschen erfüllt das Wurzelchakra, das den physischen Körper versorgt, diese Aufgabe. Deshalb sind Baumwurzeln auch ein Symbol für das Wurzelchakra.

Baumstumpf
Der Baumstumpf verbindet mit Elementarwesen, die den Stoff strukturieren.

Ast
Äste versinnbildlichen Gedankenmuster und Glaubenssätze, die zu einem festen Bestandteil im Leben geworden sind und zur weiteren Entwicklung beitragen werden.

Zweig

Zweige stellen Ideen und Weisheiten dar, die noch formbar und anpassungsfähig sind. Sie sind noch nicht wirklich fest im Leben integriert.

Blatt

Blätter symbolisieren die äußere Gestalt, die Ideen im Leben angenommen haben.

Frucht

Früchte stehen für die praktischen Ergebnisse von bestimmten Anstrengungen und Ideen.

– Es gibt drei Hauptgruppen, diese sind verbunden mit den Phasen: Spielen, Lernen und Arbeiten.

Laubbäume

Laubbäume weisen auf den mütterlichen Aspekt der Lebenskraft hin und sind verbunden mit Gefühlen wie Unbeschwertheit, Gemütlichkeit und Glück.

Nadelbäume

Nadelbäume sind in der Regel immergrüne Bäume. Sie weisen auf den väterlichen Aspekt der Lebenskraft hin und sind verbunden mit dem Ernst des Lebens: Regeln und Gesetze gehören dazu.

Obstbäume

Obstbäume sind kultivierte Bäume, bei denen der Nutzen im Vordergrund steht. Sie weisen auf Talente und deren Anwendung hin.

– Die symbolische Bedeutung einzelner Bäume:

Ahorn
Der Ahorn steht für das Zusammenwirken von Verstand und Herz, sodass beide Kräfte erfolgreich ins Leben eingebracht werden können.

Akazie
Die Akazie repräsentiert vorgetäuschte Empfindlichkeit und Schwäche. Die vorhandene Stärke soll nicht entdeckt werden.

Apfelbaum
Der Apfelbaum erzwingt den Schritt in das nächste Entwicklungsstadium.

Birke
Die Birke weckt die Sehnsucht nach Traum- und Gefühlswelten.

Birnbaum
Der Birnbaum fordert dazu auf, die innere Reise anzutreten, um den tiefsten Herzenswunsch zu finden.

Buche
Die Buche versinnbildlicht Schöpfungskraft und Wachstum.

Buchsbaum
Der Buchsbaum symbolisiert eine gestaltende Kraft, deren exakte Form noch gefunden bzw. festgelegt werden muss.

Dattelpalme
Die Dattelpalme führt dich zu verborgenen Naturkräften, deren Hilfe du in Anspruch nehmen kannst.

Eberesche (Vogelbeere, Vogelbeerbaum)
Die Eberesche ist eine Art Tor zur Welt der Fantasie und Poesie.

Eibe
Die Eibe ist mit dem Schatten im Menschen verbunden.

Eiche
Die Eiche ist die zentrale Urkraft im Unterbewusstsein. Sie breitet sich mit einer enormen Wucht in allen Richtungen aus und hat dadurch einen großen Einfluss auf die Umgebung.

Eichenlaub
Eichenlaub ist verbunden mit der männlichen Kraft und Art.

Erle
Die Erle öffnet das Tor zur Welt der Stille. Sie grenzt an das Reich der Geister und Schattenwesen.

Esche (Gemeine Esche, Gewöhnliche Esche oder Hohe Esche)
Die Esche ist verbunden mit Wirklichkeiten, die nicht (mehr) greifbar sind: Traum, Vergangenheit und ferne Länder.

Espe (Aspe, Zitterpappel)
Die Espe macht den Geist wahrnehmbar. Man spürt das leichte Wirbeln von Gedanken, Ideen und Möglichkeiten. In diesem Zustand ist man zugänglich für Inspirationen.

Feigenbaum (Echte Feige)
Der Feigenbaum symbolisiert die Anziehungskraft des Weiblichen.

Fichte
Die Fichte ist mit einer Form von Neugierde verbunden. Sie führt dazu, Verbotenes zu tun und Geheimes zu erkunden.

Flieder (Syringa)
Der Flieder erinnert an zeitloses Glück und entführt einen in eine traumhafte oder paradiesische Welt. Die **Fliederblüte** symbolisiert romantische Liebe und Liebesrausch.

Hainbuche (Gemeine Hainbuche, Hagebuche, Hornbaum)
Die Hainbuche steht für einen behüteten und abgegrenzten Raum, in dem eine individuelle Entwicklung stattfinden kann.

Haselnussstrauch (Gemeine Hasel, Haselstrauch)
Der Haselstrauch zeigt den Weg der Weisheit und seine Stationen.

Holunder (Fliederbeerbusch)
Der Holunder symbolisiert Glück, Wohlergehen und harmonische Entwicklung.

Holunder, schwarzer (Holder, Holderbusch, in Norddeutschland oft auch als Flieder bezeichnet)
Die magischen Wirkungen des schwarzen Holunders nehmen direkten Einfluss auf seine Umgebung.

Kastanie (Baumart)
Die Kastanie steht für eine Art von Abschirmung. Sie öffnet sich dem Neuen nur nach einer langen, behutsamen Annäherungsphase. Bei der **Rosskastanie** ist Schüchternheit die Ursache, bei der **Edelkastanie** handelt es sich mehr um eine Rolle, die gespielt wird.

Kiefer (Föhre, Forle)
Die Kiefer deutet auf eine herausragende Persönlichkeit mit überdurchschnittlichen Talenten hin. Man sollte darauf achten, nicht überheblich zu werden.

Kirschbaum (Sauerkirsche, Weichselkirsche)
Die Sauerkirsche repräsentiert die ländliche Idylle: Harmonie und Naturverbundenheit mit einer Prise Schwerfälligkeit.

Kirschbaum (Süßkirsche)
Die Süßkirsche symbolisiert die idealisierte Liebe und das romantische Glück, wie sie in vielen Schlagern besungen werden.

Lärche

Die Lärche symbolisiert Selbstzufriedenheit mit dem Hang zur Selbstdarstellung.

Latschenkiefer (Bergkiefer)

Die Latschenkiefer symbolisiert eine optimale Anpassung an äußere Bedingungen und Umstände, teilweise wird dabei auf Schönheit verzichtet.

Lebensbaum (Thuja)

Der Lebensbaum symbolisiert gleichgültige, rücksichtslose oder parasitäre Teile des Egos.

Linde

Die Linde verbindet mit Geschehnissen, Geschichten und Liedern von früher. Das Ganze hat einen romantischen Einschlag.

Lorbeer (Echter Lorbeer, Edler Lorbeer, Gewürzlorbeer)

Der Lorbeer deutet auf Auszeichnung und Belohnung hin. Manchmal sollte nicht vergessen werden, dass das Erreichte nicht ausschließlich durch die eigene Anstrengung, sondern auch durch die Hilfe anderer zustande gekommen ist.

Magnolienbaum

Der Magnolienbaum ordnet märchen- und traumhafte Inhalte, sodass sie für den Verstand greifbar werden.

Mandelbaum

Der Mandelbaum steht für das Prinzip der ewigen Wiederholung gleicher Formen.

Mispel (Echte Mispel)

Die Mispel deutet darauf hin, dass die Persönlichkeit nicht genug zum Ausdruck kommt.

Olivenbaum (Echter Ölbaum)
Der Olivenbaum ermöglicht die Verbindung mit der uralten Weisheit der Gegend, in der er wächst.

Orange (Orangenbaum)
Der Orangenbaum ist Symbol für die alles durchdringende Geistes- und Lebenskraft.

Palme
Die Palme verbindet mit der Welt der Träume. Sie ermöglicht die Wahrnehmung der Anima oder des Animus.

Pappel
Die Pappel verbindet mit einer Sphäre, in der Gedanken, klare Sinneswahrnehmung und Zeitgefühl weit in den Hintergrund rücken.

Pflaume (Baumart)
Dieser Baum symbolisiert die Anziehungskraft der Sinneswelt; er erschwert das Wahrnehmen der Anderswelt erheblich.

Pinie (Italienische Steinkiefer, Mittelmeer-Kiefer, Schirm-Kiefer)
Die Pinie führt in eine Welt voller Geheimnisse.

Quitte (Baumart)
Die Quitte symbolisiert die Kombination von Häuslichkeit, Zufriedenheit und Genuss.

Tanne
Die Tanne symbolisiert die Synthese von Materialismus und Spiritualität.

Trauerweide (Echte Trauerweide)
Die Trauerweide öffnet ein Tor zur Seelenwelt.

Ulme

Die Ulme symbolisiert die Akzeptanz des Todes als unvermeidlichen Teil des Lebens.

Wacholder (Gemeiner Wacholder, Heide-Wacholder, Machandelbaum, Weihrauchbaum, Feuerbaum)

Der Gemeine Wacholder ist eine Art von Wächter, der bösartige Geistwesen und ungünstige Energien in einem gesonderten Bereich festhält, damit sie keinen weiteren Schaden anrichten können.

Walnussbaum (Walnuss, Echte Walnuss)

Der Walnussbaum symbolisiert den wohlverdienten Lohn nach permanenter Anstrengung.

Weide (Baumart)

Die Weide steht für ein konservatives, bodenständiges Weltbild mit wenig Interesse, neue Ideen umzusetzen.

Zeder

Die Zeder ist das Symbol für einen Schutzgeist, der schädliche und zersetzende Wirkungen auf Abstand hält.

Zypresse

Zypressen repräsentieren junge, lebensspendende Kräfte für das Umfeld.

Blumen – Empfindungen, Gefühle und Stimmungen

Blumen repräsentieren Gefühle als Zentren der Lebenskraft.

Blüte
Die Blüte als Teil der Blume symbolisiert das feinstoffliche Wesen, das in der physischen Welt eine bestimmte Atmosphäre hervorruft.

Knospe
Die Knospe bezeichnet ein Gefühl, das zwar vorhanden ist, aber seine Wirkungskraft erst noch nach außen entfalten wird.

Schnittblumen
Schnittblumen sind ein zeitlich begrenzter Ausdruck von Gefühlen.

– Die symbolische Bedeutung einzelner Blumen:

Akelei (Elfenschuh, Kaiserglocke)
Die Akelei führt in Welten der Imagination. Das Ich-Bewusstsein und das Erinnerungsvermögen verschwinden dabei aber fast völlig.

Amaryllis
Die Amaryllis bezeichnet aus der Tiefe aufsteigende Gefühle, die auffällig und anziehend, aber auch relativ kurzlebig sind.

Anemone (Windröschen)
Die Anemone symbolisiert Neckereien, Sticheleien, leichte Eifersucht oder neidische Gedanken.

Anthurie (Flamingoblume)
Die Flamingoblume symbolisiert ein starkes Ego, Selbstdarstellung und manchmal auch eine gewisse Neigung zur Arroganz.

Aster
Die Aster kreiert eine Stimmung von Würde, Schönheit und
Schwermut.

Azalee
Azaleen vermitteln Einblicke in die Welt der Naturwesen und
märchenhaften Gestalten.

Besenheide (Knospenheide, Calluna)
Die Besenheide symbolisiert den Einklang mit der Natur,
weitgehend frei von Intellekt und Erinnerung.
Siehe auch: Erika.

Blaustern
Blausterne bilden eine Brücke zur Welt der Geister.

Butterblume (Scharfer Hahnenfuß)
Butterblumen sind verbunden mit einem Gefühl der Sicherheit, weil
schützende und wachsame Kräfte vorhanden sind.

Chrysantheme
Eine Chrysantheme symbolisiert Gefühle der Sympathie oder Liebe,
die aber noch nicht wirklich nach außen getragen werden. Sie
gehen noch nicht über die Stufe von Höflichkeit und Reserviertheit
hinaus.

Dahlie (Georgine)
Die Dahlie steht für Gemächlichkeit und Geselligkeit.

Dotterblume
Die Dotterblume symbolisiert die Zurückgezogenheit in die Natur.

Edelweiß
Das Edelweiß symbolisiert eine geistige Seite der Natur, die geprägt
wird von Stille und Weisheit. Es ist nicht immer einfach, aus dieser
Sphäre wieder hinauszufinden.

Enzian
Der Enzian steht für Treue und die Bereitschaft, seine eigenen Interessen zurückzustellen.

Erika (Schneeheide, Winterheide, Heidekraut, Heide)
Die Erika symbolisiert den Einklang mit der Natur. Der Augenblick scheint zur Ewigkeit geworden zu sein.
Siehe auch: Besenheide.

Feuerlilie
Die Feuerlilie verbindet mit dem Prinzip des Feuers und der Macht.

Fingerhut (Blumenart)
Der Fingerhut ist ein Zeichen dafür, dass kleinere Naturwesen in der Nähe sind.

Forsythie
Die Forsythie symbolisiert die Freude am Leben.

Freesie
Freesien sind klare und fröhliche Botschaften der Liebe, Zuneigung und Zärtlichkeit.

Gänseblümchen
Das Gänseblümchen vermittelt das Gefühl einer heilen Welt, in der märchenhafte Erfahrungen noch möglich sind.

Geißblatt (Heckenkirsche)
Das Geißblatt steht für ein Gefühl, als Mensch letztendlich allein zu sein.

Geranie (Pelargonie)
Die Geranie steht für ländliches und häusliches Glück. Man erfreut sich an den einfachen Dingen des Lebens.

Gerbera

Die Gerbera ist wie ein Lächeln. Sie steht für Wertschätzung, Freundschaft und Wohlwollen.

Gladiole (Schwertblume)

Die Gladiolen symbolisieren Verehrung und Hochachtung.

Glockenblume

Glockenblumen ermöglichen die meditative Wahrnehmung verschiedener Seelenwelten.

Goldlack

Der Goldlack verspricht Überfluss und Außergewöhnliches, kann es aber nur selten einhalten.

Hibiskus (Eibisch)

Der Hibiskus symbolisiert die stille Versenkung oder klare Konzentration auf das Alltägliche.

Hortensie

Die Hortensie versinnbildlicht häusliches Idyll, Treuherzigkeit und Familienglück.

Hyazinthe

Die Hyazinthe ist verbunden mit Lebensfreude und Glück in der Liebe.

Iris (Schwertlilie)

Die Iris steht für Hoffnung, Geduld und inneres Wachstum.

Jasmin (Echter Jasmin, Gewöhnlicher Jasmin)

Jasmin symbolisiert zarte Liebesgefühle und natürliche, weibliche Schönheit.

Kamelie

Die Kamelie steht für das Geheimnisvolle und das Verführerische der Frau.

Klatschmohn (Mohnblume, Klatschrose)

Der Klatschmohn erschafft einen Zustand des leichten Rausches, in dem seelische Eindrücke stärker wahrgenommen werden als sinnliche. Verlockende Inhalte werden aufgenommen, die einen viel zu großen Platz im seelischen Erleben einnehmen.

Kornblume (Zyane)

Die Kornblume führt dich zu seelisch-träumerischen Wirklichkeiten.

Krokus

Der Krokus ist ein Frühlingsversprechen: Das Leben erwacht wieder. Siehe auch: Safran (Krokusart).

Lavendel (Echter Lavendel, Schmalblättriger Lavendel)

Der Lavendel schützt und reinigt Seele und Aura, indem er schädliche, angreifende Kräfte benebelt.

Leberblümchen

Das Leberblümchen symbolisiert den überwiegend eigennützigen Umgang mit Lebens- und Naturkräften.

Lilie

Lilien symbolisieren Lichtkräfte, die das (innere) Kind schützen und die Unschuld bewahren.

Lotosblume (Lotos)

Diese Blume wird oft auch Lotusblume oder Lotus genannt, was eigentlich falsch ist, denn Lotus ist der wissenschaftliche Name für Hornklee. Es gibt nur zwei Lotosarten: die indische und die amerikanische Lotosblume. Beide symbolisieren eine spirituelle Kraft, die nicht verunreinigt werden kann.

Maiglöckchen

Das Maiglöckchen symbolisiert etwas (eine Person, einen Gegenstand oder eine Situation), was zwar attraktiv wirkt, aber auf alle Fälle gemieden werden sollte.

Malve (Malva)
Die Malve ist ein Begleiter auf tristen Wegen.

Margerite
Die Margerite symbolisiert Natürlichkeit, Jugendlichkeit und Gesundheit.

Myrte (Brautmyrte, Gemeine Myrte)
Die Myrte steht für die Sehnsucht, einmal eine strahlende Braut auf einer wundervollen Hochzeit zu sein.

Narzisse (Osterglocke)
Die Narzisse steht für eine idealisierte Selbstwahrnehmung: Man ist zum Beispiel nicht so schön, gut oder intelligent, wie man selbst meint.

Nelke
Die Nelke verkörpert unerreichbare Ideale in der Liebe.

Oleander (Rosenlorbeer)
Oleander symbolisiert Sinnesrausch und Üppigkeit.

Orchidee
Die Orchidee stellt die Faszination des Exotischen dar.

Passionsblume
Die Passionsblume hat einen starken bewusstseinsverändernden Einfluss auf ihre Umgebung.

Pfingstrose (Päonie)
Die Pfingstrose symbolisiert starke Gefühle, die in Farben, Gesten und materiellen Dingen ausgedrückt werden.

Primel
Die Primel verspricht Geselligkeit, Glück und Anerkennung, wenn man die gebotenen Möglichkeiten auch tatsächlich wahrnimmt.

Ranunkel
Die Ranunkeln sind verbunden mit prächtigen Formen, die aus der Distanz Bewunderung ernten wollen.

Rhododendron
Der Rhododendron symbolisiert eine Fülle an romantischen Gefühlen.

Ringelblume
Die Ringelblume erweckt die Freude im Menschen, auch wenn die Umstände nicht ideal sind.

Rose
Die Rose versinnbildlicht die Liebe, die zum inneren Herzchakra gehört.

Safran (Krokusart)
Der Safran ist eine Krokusart, die im Herbst violett blüht. Er ist der letzte Hauch der Lebenskraft, die im Sommer ihren Höhepunkt erreicht hat und nun als Erinnerung den Winter überdauern wird.

Schlüsselblume
Die Schlüsselblume verschafft Zugang zu einer vergessenen Kraft oder Fähigkeit, die das Leben bereichern kann und wird.

Schneeglöckchen
Das Schneeglöckchen ist die erste Botschaft vom König der Elfen, um den Frühling anzukündigen. Eine schöne Zeit bricht an.

Seerose
Die Seerose symbolisiert die Höhere Seele sowie ihre besonderen Eigenschaften.

Seerose, weiße (Wasserlilie)
Die weiße Seerose symbolisiert die Höhere Seele in ihrer vollkommenen Form.

Sonnenblume

Die Sonnenblume ist verbunden mit dem unbeschwerten Gemüt und der Leichtigkeit, wie Kinder sie kennen. Bei Erwachsenen kann diese Einstellung zum Leben zu einer mächtigen Kraftquelle werden.

Stiefmütterchen

Stiefmütterchen symbolisieren wertvolle Andenken und Erinnerungen, in denen viel eigene seelische Energie gespeichert ist. Der Besitz solcher Kostbarkeiten erfüllt einen oft mit Stolz.

Stockrose

Die Stockrose symbolisiert die aufsteigende Kundalini-Kraft, die bewusstseinserweiternd wirkt.

Tulpe

Die Tulpe steht für die einfache und direkte Freude am Leben. Auch nimmt man die Schönheit der schlichten Dinge wahr.

Veilchen

Das Veilchen symbolisiert eine Romantik, die ländlich und naturverbunden ist.

Vergissmeinnicht

Das Vergissmeinnicht ist verbunden mit alten Gefühlen und Erinnerungen, die lebendig bleiben sollten.

Zantedeschia (Calla)

Die Zantedeschia symbolisiert Wehmut, stille Sehnsucht und Naturempfinden.

Pilze – manipulierende Kräfte

Die Pilze weisen auf verborgene – oft auch düstere – Kräfte hin, die versuchen, eine gewisse Macht über Lebewesen zu erlangen oder deren Bewusstsein zu manipulieren.

Austernpilz (Austernseitling)
Der Austernpilz ist ein Speisepilz, er gehört zu den wichtigsten Kulturpilzen. Sein elementarer Begleiter hat eine fixierende und leicht hypnotisierende Wirkung. Ohne es zu merken, findet man sich in einer Art Wunderwelt wieder.

Butterpilz
Der Butterpilz wird zu den Speisepilzen gerechnet, gilt aber heutzutage als gesundheitlich bedenklich. Das zu den Butterpilzen gehörende Naturwesen ist eine schöne, mütterlich wirkende Zauberin. Der Butterpilz deutet auf eine neue Fähigkeit hin, die aus dem Nichts auftaucht. Man sollte dennoch vorsichtig sein, denn die neue Fähigkeit wirkt extrem faszinierend, wodurch man dazu neigt, wichtige Dinge zu vernachlässigen.

Champignon
Champignons sind beliebte Speisepilze. Es gibt aber auch giftige Arten. Das zugehörige Naturwesen ist sehr korpulent und liebt gute Speisen.

Fliegenpilz
Der giftige Fliegenpilz steht für einen Wahrnehmungsmodus, in dem jedes Detail als eine Welt für sich erlebt wird. Das Erinnerungsvermögen und die Begabung, Dinge einordnen zu können, sind dabei unwirksam geworden.

Frühjahrs-Giftlorchel (Frühlorchel, Frühjahrslorchel)
Die Frühjahrs-Giftlorchel deutet auf eine schmeichelnde Person hin, die einen in Wirklichkeit ausnehmen möchte. Auch symbolisiert sie

Situationen, die vorteilhaft erscheinen, es jedoch ganz und gar nicht sind.

Gelber Knollenblätterpilz
Der Gelbe Knollenblätterpilz symbolisiert Personen und Sachen, die ziemlich verrückt oder überdreht sind.

Gifthäubling
Der Gifthäubling präsentiert sich als harmlose Sache, ist dabei aber in Wirklichkeit eine drohende Gefahr, die unbedingt ernst genommen werden sollte.

Grünblättriger Schwefelkopf
Der Grünblättrige Schwefelkopf deutet auf ein Liebesverhältnis hin, das letztendlich hoffnungslos ist und auseinanderbricht.

Judasohr (Holunderpilz, Mu-Err)
Das Judasohr wird in der chinesischen Küche sehr häufig verwendet. Sein Naturwesen nutzt Schwächen aus und absorbiert die Kräfte anderer.

Maipilz (Mairitterling)
Der Maipilz ist ein Speisepilz, der mit einigen stark giftigen Pilzarten verwechselt werden kann. Aufgrund seines eigenwilligen Geruchs und Geschmacks kann er bei manchen Menschen eine Abneigung hervorrufen. Sein Wesen neigt dazu, Menschen zu isolieren und übermäßig zu hüten.

Maronenröhrling (Marone, Braunkappe)
Dieser Pilz ist ein gefragter Speisepilz. Das damit verbundene Naturwesen ist jedoch heimtückisch. Es schafft eine sehr vertrauliche Atmosphäre, in der man seine Wachsamkeit verliert und Warnsignale ignoriert.

Nebelkappe (Graukappe, Nebelgrauer Trichterling)
Die Nebelkappe versteckt und verschleiert wichtige Sachen und lässt sie so unbedeutend erscheinen.

Parasolpilz (Riesenschirmling)

Der Parasolpilz beansprucht gern die Rolle der Sonne in seiner Umgebung und spielt sich dabei gewaltig auf.

Pfifferling (Echter Pfifferling, Eierschwamm)

Der Pfifferling ist ein Speisepilz, der nicht roh gegessen werden sollte, da Chitin in den Zellwänden enthalten ist. Das zugehörige Naturwesen ist beweglich und sehr dünn. Symbolisch deutet der Pfifferling auf das Erreichen einer neuen geistigen Stufe hin. Diese Stufe erfordert ein hohes Maß an Achtsamkeit, denn sonst ist die Gefahr groß, sich selbst zu verlieren.

Riesenbovist

Der Riesenbovist steht für zu schnelles Wachstum, auf das man nicht genügend vorbereitet worden ist, wodurch ein Zusammenbruch fast programmiert ist.

Schwefelporling (Gemeiner Schwefelporling)

Der Schwefelporling steht für zerstörende Kräfte, die sich im Ego ausgebreitet haben.

Shiitake (Pasaniapilz)

Der Shiitake symbolisiert die Wahrnehmung von sehr alten geistigen Eindrücken.

Speisemorchel (Rundmorchel, Graue Morchel)

Die Speisemorchel ist ein gefragter Speisepilz. Roh enthält sie das Gift Hydrazin. Ein hektisch wirkendes Naturwesen betreut sie. Dieser Pilz ist Symbol für das exzessive Sammeln oberflächlicher Informationen.

Spitzkegeliger Kahlkopf (Psilocybinpilz, Magic Mushroom)

Der Spitzkegelige Kahlkopf deutet auf einen Zustand hin, in dem die Höhere Seele in einer märchenhaften Welt voller Illusionen gefangen ist.

Steinpilz

Der essbare Steinpilz dient als Brutstätte für die Entwicklung einer neuen Fähigkeit. Sein Betreuer ist ein missmutiges gnomartiges Wesen. Symbolisch deutet der Steinpilz auf eine latente Fähigkeit hin.

Stockschwämmchen

Dieser beliebte Speisepilz wächst auf Holz. Wie bei vielen Speisepilzen besteht auch bei ihm eine Verwechslungsgefahr mit tödlich giftigen Pilzarten. Das Wesen dieses Pilzes vereinnahmt andere unbemerkt nach und nach.

Tintenpilz (Schopftintling, Spargelpilz)

Der Tintenpilz symbolisiert die Nutzung von verborgenen Naturkräften. Anfänglich geschieht dies in guter Absicht, aber allmählich wird immer mehr gegen die kosmischen Regeln verstoßen.

Trüffel

Der Trüffel ist verbunden mit dem Zustand der romantischen Glückseligkeit.

Zunderschwamm

Der Zunderschwamm symbolisiert eine Kraft im Solarplexuschakra, die oberflächlich gesehen positiv zu wirken scheint, aber die die Wirkungskraft vom Solarplexus von innen heraus langsam zerstört.

Obst und Nüsse – seelische und geistige Kräfte

Obst und Nüsse symbolisieren Kräfte oder Prozesse im Geist oder in der Seele, die vorwiegend mit Entwicklung und dem Streben nach Idealen zu tun haben.

Ananas
Die Ananas steht für Südseeidylle und -romantik sowie für eine paradiesische Vorstellung vom Dasein.

Apfel
Der Apfel symbolisiert den Geist des Menschen. Beschaffenheit und Umstände sagen dann etwas über die Entwicklungsphase des Geistes aus.

Apfelsine (Orange)
Die Apfelsine symbolisiert die Bewusstwerdung des Selbst im Menschen.

Banane
Die Banane symbolisiert Geschlechtlichkeit oder auch den animalischen Geist im Menschen.

Birne
Die Birne steht für den mütterlichen und nährenden Aspekt der Weiblichkeit.

Brombeere
Die Brombeere symbolisiert Erinnerungen an erfüllte Tage oder an ein erfülltes Leben.

Dattel
Die Dattel weist auf eine Inspiration hin, die sofort umgesetzt werden will.

Eichel

Die Eichel symbolisiert das Potenzial zur Meisterschaft in einer bestimmten Tätigkeit.

Erdbeere

Die Erdbeere ist verbunden mit Sinnlichkeit und Erotik in einer zärtlichen Form.

Feige

Feigen symbolisieren die Bewusstwerdung der Anziehungskraft des Weiblichen.

Granatapfel (Grenadine)

Der Granatapfel symbolisiert eine mystische Offenbarung oder ein Einweihungsritual.

Haselnuss

Haselnüsse stehen für geistige Schlüsselerlebnisse auf dem eigenen Weg zur Weisheit.

Heidelbeere (Blaubeere, Schwarzbeere, Waldbeere)

Die Heidelbeere ist verbunden mit einem Zustand tiefer Entspannung, wie sie auch in Meditationen erfahren werden kann.

Himbeere

Die Himbeere bringt frischen Wind in eingeschlafene Beziehungen, lockert festgefahrene Muster auf, wirkt verjüngend und verstärkt die Lebenskraft.

Johannisbeere

Die Johannisbeere symbolisiert Glück und Sorglosigkeit wie an einem schönen Sommertag. Es ist die Freude über das Dasein selbst.

Kastanie (Nussfrucht)

Die Kastanie deutet auf einen vergessenen Herzenswunsch hin, der schon lange darauf wartet, entdeckt und realisiert zu werden. Bei der Esskastanie könnte der Wunsch direkt erfüllt werden, sobald er einem bewusst wird. Bei der Rosskastanie sind noch Entwicklungsschritte erforderlich, bevor der Wunsch wieder ins Bewusstsein treten kann.

Kirsche (Sauerkirsche)
Die Sauerkirsche steht für Eigenschaften und Persönlichkeitsmerkmale, die man als vollkommener wahrnimmt, als sie sind, mit anderen Worten: Sie werden idealisiert.

Kirsche (Süßkirsche)
Die Süßkirsche steht für Gefühle von Liebe und Lebensglück in einer mehr oder weniger übersteigerten Form.

Olive
Die Olive zeigt eine starke Verbundenheit mit der Umgebung – steht also im Gegensatz zu Reiselust und Abenteuer.

Pfirsich
Der Pfirsich ist verbunden mit dem Erleben der sinnlichen Berührung und Liebkosung.

Pflaume
Die Pflaume verstärkt die Faszination von Konsum und Sinnesrausch.

Stachelbeere
Die Stachelbeere kündigt an, dass etwas Wertvolles zu Bruch gehen kann.

Walnuss
Die Walnuss symbolisiert die Entwicklung mentaler Fähigkeiten, die dich im Leben sehr voranbringen.

Wassermelone
Die Wassermelone ist das Symbol für die erquickende Wirkung, wenn Geist und Seele sich begegnen.

Weintraube

Die Weintraube symbolisiert einen rauschartigen Zustand, in dem man sich dem Süßen und Schönen im Leben hingibt.

Zitrone

Die Zitrone steht für das bewusste Erleben von Sinnenfreude und Abenteuer.

Pflanzliche Nahrungsmittel – Charakterzüge

Pflanzliche Nahrungsmittel weisen auf Prägungen, Eigenarten, Gewohnheiten und Neigungen von Menschen hin.

Ähre
Die Ähre steht für den Willen, das vorhandene Potenzial für die Gestaltung der Wirklichkeit zu nutzen.

Blumenkohl
Der Blumenkohl symbolisiert die Zufriedenheit mit preiswerten Imitationen.

Bohnen (grüne Bohnen, Gartenbohnen)
Grüne Bohnen sagen aus, dass man sich mit unangenehmen, enttäuschenden oder nicht zufriedenstellenden Situationen abgefunden hat.

Erbsen
Erbsen deuten auf einen Zustand der Lähmung, weil der Hang zum Perfektionismus zu groß ist.

Getreide
Getreide symbolisiert die Verarbeitung vieler Impulse zu wertvollen Plänen, die umgesetzt werden können.

Hagebutten
Hagebutten stehen für Verbitterung über unerfüllte Wünsche und nicht erwiderte Liebe.

Karotten (Möhren)
Karotten symbolisieren ein übersteigertes Wachsein: Man ist pausenlos mit Eindrücken beschäftigt.

Kartoffeln

Kartoffeln deuten auf eine übermäßige Beschäftigung mit Aufgaben und Arbeit hin.

Knolle (Pflanzenknolle)

Eine Knolle ist eine gespeicherte Kraft oder Fähigkeit, die für die Zukunft eingesetzt werden kann.

Kokosnuss

Die Kokosnuss bezeichnet eine Haltung, in der man gern andere für sich arbeiten lässt.

Mais

Der Mais deutet auf eine Fertigkeit hin, die noch eine Menge Feinschliff benötigt.

Mandeln

Die Mandel symbolisiert ein Muster, in dem man gefangen ist. Es benötigt Kreativität und Offenheit, um eine Weiterentwicklung zu erfahren.

Paprika

Die Paprika hat mit Gaumenfreuden und Genuss im Allgemeinen zu tun.

Petersilie

Die Petersilie bezeichnet gebündeltes Geheimwissen.

Raps

Der Raps symbolisiert große Anstrengung, die kaum entlohnt wird.

Reis

Reis ist verbunden mit einem Elementarwesen, das durch die Bündelung vieler Kleinstwirkungen imstande ist, eine bedeutende Wandlung zu bewirken.

Rote Bete

Die Rote Bete symbolisiert die wiederholte Konfrontation mit ähnlichen Konflikten, wodurch sich der eigene Charakter zum Positiven verwandeln kann.

Spargel

Der Spargel steht für eine mächtige Kraft aus dem Unbewussten, die oft etwas zu leichtsinnig im realen Leben eingesetzt wird.

Spinat

Spinat symbolisiert eine Kraft, die bewusster macht.

Tomate

Die Tomate steht für eine angenehme Form des Neckens, wie man sie oft bei Verliebten erlebt.

Zuckerrohr

Das Zuckerrohr deutet auf ein angenehmes Leben in Wohlstand hin, das man jedoch nur durch harte Arbeit und Willensstärke erreichen kann.

Zuckerrübe

Die Zuckerrübe symbolisiert Angenehmes, das jedoch etwas unbedeutend oder leicht ersetzbar ist.

Zwiebel

Die Zwiebel ist verbunden mit einer Elementarkraft, die zeigt, dass die Wahrheit viele verschiedene Facetten haben kann.

Heilkräuter – heilende und schützende Naturkräfte

Heilkräuter sind mit lebensbejahenden Naturkräften verbunden.

Aloe vera (Echte Aloe)
Aloe vera bringt das kraftlos, träge oder unwirksam Gewordene wieder in Schwung. Sie »begeistert« gewissermaßen.

Ampfer
Ampfer symbolisiert die Kraft, die in schwierigen Situationen Trost spendet und Schmerz wegnimmt.

Arnika (Echte Arnika)
Das mit Arnika verbundene Naturwesen versorgt und heilt in unangenehmen oder schmerzhaften Situationen.

Baldrian
Der Baldrian ist verbunden mit einer schützenden und dämpfenden Kraft.

Bärlapp (Schlangenmoos, Drudenfuß, Wolfsfuß)
Der Bärlapp bildet einen Schutzraum, in den keine bösen Einflüsse und keine negativen magischen Wirkungen eindringen können.

Belladonna (Schwarze Tollkirsche, Wolfsbeere)
Die Schwarze Tollkirsche ist verbunden mit einer anziehenden verführerischen Kraft.

Bocksdorn (Gemeiner Bocksdorn, Teufelszwirn, Hexenzwirn, Chinesische Wolfsbeere)
Der Gemeine Bocksdorn sendet lichtvolle Energien aus, um Beschwörungen und andere magische Wirkungen abzuwenden.

Brennnessel
Die Brennnessel ist verbunden mit harten oder schmerzhaften Erfahrungen, die man braucht, um richtig unterscheiden zu können.

Echinacea (Sonnenhut)
Der Sonnenhut schützt gegen schwächende Wirkungen.

Echtes Eisenkraut (Verbena officinalis, Sagenkraut, Katzenblutkraut)
Das Echte Eisenkraut hat eine hohe Schutzkraft und gibt dem Schwächeren wahre Stärke.

Farnkraut, Farn
Das Farnkraut symbolisiert eine lichtvolle, nährende Kraft, die in düsteren Situationen Hoffnung und Energie spendet.

Fenchel
Der Fenchel verleiht in schwierigen Situationen vorübergehend die passenden Fähigkeiten.

Frauenmantel
Frauenmantel ist verbunden mit starken irdischen weiblichen Kräften.

Ginkgo
Diese Baumart ist verbunden mit der gesunden Kraft der ungebändigten Natur.

Hamamelis (Zaubernuss)
Die Zaubernuss verhindert den störenden Einfluss von negativen Energien und Umständen.

Huflattich
Der Huflattich symbolisiert eine Kraft, die abschreckt und abstößt.

Johanniskraut (Hartheu)

Das Johanniskraut ist mit einem unterstützenden lichtvollen Wesen verbunden. Es sorgt für Klarheit und Überblick in aussichtslos scheinenden Situationen.

Kamille (Echte Kamille)

Die Echte Kamille nimmt die Angst vor ungewöhnlichen Situationen weg.

Knoblauch

Der Knoblauch verhindert, dass negative Wesen den Zugang zu von ihm geschützten Orten finden können.

Kürbis

Der Kürbis öffnet den Zugang zu einer Zwischenwelt, in der die verschiedensten Geister zu Hause sind.

Löwenzahn (Gewöhnlicher Löwenzahn)

Der Löwenzahn symbolisiert die vereinte schützende Kraft vieler Naturwesen.

Mariendistel (Christi Krone, Heilandsdistel, Donnerdistel)

Die Mariendistel deutet auf ein einfaches und etwas unscheinbar wirkendes Wesen hin. Es ist jedoch edel und rein im Herzen.

Melisse (Zitronenmelisse)

Die Zitronenmelisse ist eine verzaubernde Kraft aus der Anderswelt.

Mimose

Die Mimose ist verbunden mit Scheu und Überempfindlichkeit.

Mistel (Donnerbesen, Hexenbesen)

Die Mistel ist verbunden mit Liebesmagie, sie wirkt vereinnahmend.

Mönchspfeffer (Keuschbaum)

Der Mönchspfeffer symbolisiert das Erwachen des Mütterlichen in der Frau.

Nachtkerze
Die Nachtkerze sorgt für Wohlgefühl in der Nacht.

Oregano (Wilder Majoran, Echter Dost)
Der Oregano ist verbunden mit dem einfachen häuslichen Glück.

Pfefferminze
Die Pfefferminze zeigt Robustheit und trotzt der Kälte.

Rosmarin
Rosmarin macht die seelische Qualität von Menschen und Naturwesen sichtbar.

Salbei
Der Salbei befreit aus dem Gefängnis überholter Denkstrukturen und alter Glaubenssätze.

Schafgarbe
Die Schafgarbe ist verbunden mit dem Prinzip des Ausschlussverfahrens. Durch stetige Anwendung dieses Prinzips wird dann am Ende die richtige Lösung gefunden.

Teufelskralle (Afrikanische Teufelskralle, Trampelklette)
Die Trampelklette registriert die Menschen und Wesen in ihrer Nähe und heftet sich an ihre Fersen.

Thymian
Der Thymian ist wie eine fürsorgliche Person, der du deine Probleme anvertrauen kannst und die dir hilft, sie zu lösen.

Weinraute
Die Weinraute zieht die Aufmerksamkeit böser Geister auf sich und schützt andere so vor deren negativen Wirkungen.

Weißdorn

Der Weißdorn ist verbunden mit einem Schutzwesen, das vor Gefahren warnt und gegebenenfalls eingreift, um Schaden abzuwenden.

Ysop (Hyssopus officinalis, Eisenkraut, Bienenkraut, Essigkraut)

Der Ysop ist verbunden mit Abenteuerlust, Kraft und Mut.

Verschiedene Pflanzen – Naturkräfte und Naturwesen

Pflanzen symbolisieren Naturkräfte oder feinstoffliche Wesen, die eine enorme Vielfalt an Formen hervorbringen.

Alraune (Alraunwurzel)
Die Alraunwurzel ist verbunden mit dunklen Geistwesen, die als Verbündete von Hexen und Magiern auftreten.

Bambus
Der Bambus bedeutet das schnelle Erreichen eines Zieles, wobei Fleiß eine große Rolle spielt.

Baumwollpflanze (Baumwolle)
Die Baumwollpflanze symbolisiert die schützende und heilende Lebenskraft.

Besenginster (Besenstrauch)
Das Wesen des Besenginsters führt dich auf endlose Irrwege. Das Ziel scheint immer nah, wird in Wirklichkeit jedoch nie erreicht.

Binsen
Binsen symbolisieren Gedankenmuster und Ideen, die oft zu simpel sind, um funktionieren zu können.

Distel
Die Distel steht für einen unverhältnismäßig großen Selbstschutz, der als Ablehnung zum Vorschein kommt und so leicht andere verletzt.

Dornen, Dornenbusch
Dornen schrecken ab. Nur Menschen mit einem starken Willen gelingt es, diesen Schutzwall zu durchdringen, um so zum großen Glück zu finden.

Efeu

Der Efeu verhüllt die ursprüngliche Form von bestimmten Dingen und ergreift so immer mehr Besitz von deren Wesen. Dieser Prozess führt zum Identitätsverlust.

Flachs (Lein)

Flachs symbolisiert größere Anstrengungen, die notwendig sind, um zum Ziel zu gelangen.

Giftpflanze

Viele Giftpflanzen symbolisieren seelische Kräfte und Wesen, die Krankheiten und schwere Abhängigkeit verursachen. Manche hängen mit magischen Flüchen zusammen.

Hanf

Hanf ist verbunden mit einer bewusstseinsverändernden Kraft, die fesselnd wirkt und in einem Grundkonflikt mit dem Körperbewusstsein steht.

Herbstzeitlose (Giftkrokus, Leichenblume, Hundsblume)

Diese giftige Pflanze stellt eine lähmende geistige Kraft dar, die sich langsam, aber sicher ausbreitet.

Kaktus

Der Kaktus deutet auf eine besondere oder erfolgversprechende Fähigkeit hin, die momentan noch geschützt werden muss. Um sich durchsetzen zu können, ist noch nicht genügend Selbstvertrauen da.

Kalmus (indischer Kalmus)

Der Kalmus ist ein Hüter (Protektor), der die Welt der verborgenen Gefühle und Sehnsüchte bewacht.

Keimling (Sämling)

Ein Keimling ist eine neue Entwicklungsmöglichkeit, die angenommen und verwirklicht werden will.

Klee, dreiblättriger

Der dreiblättrige Klee symbolisiert die Kraft, pflichtbewusst den Alltag zu bewältigen.

Klee, vierblättriger

Der vierblättrige Klee steht für die Kraft, immer wieder das Alltägliche hinter sich zu lassen, indem man die gebotenen Möglichkeiten wahrnimmt. Er ist verbunden mit Glück und Glücklichsein.

Klette

Sie repräsentiert eine parasitäre oder anhaftende Kraft, von der man sich nur sehr schwer wieder lösen kann.

Kletterpflanze

Eine Kletterpflanze zeigt die Abhängigkeit von anderen, um etwas zu erreichen oder Erfolg zu haben.

Liane

Lianen symbolisieren Wesen, die für ihre eigene Entwicklung den höheren Entwicklungsgrad anderer Wesen benötigen. Die Liane verbindet sich oft ungebeten mit ihrem »Unterstützer«. Es ist aber durchaus möglich, dass eine Verbindung – bewusst oder unbewusst – vom Unterstützer eingegangen worden ist.

Schilfrohr (Schilf)

Schilfrohr ist der Grenzbereich zwischen Alltagswelt und Seelenwelt. Die Gesetze beider Welten wirken in diesem Niemandsland, wo äußerst merkwürdige Wesen erscheinen und völlig unerwartete Ereignisse auftreten.

Schlingpflanze (Winder)

Die Schlingpflanze ist eine besondere Form der Kletterpflanze; sie deutet auf ein Bestreben hin, sich seelisch zu entfalten, wobei aber noch zu viel Ego im Spiel ist.

Stacheln

Stacheln deuten auf Kräfte hin, die dich aktiv daran hindern wollen, erfolgreich zu sein oder dein Ziel zu erreichen.

Stechpalme (Hülsdorn, Christdorn, Winterbeere, Stechhülse)

Der Hülsdorn ist verbunden mit einer schützenden Engelskraft, die negative Wesen und schädliche Einflüsse abwehrt.

Tabakpflanze

Die Tabakpflanze ist verbunden mit einem Hüter (Protektor). Dieser wirkt bewusstseinsverändernd und versucht, dich zu beherrschen.

Tausendgüldenkraut

Findest du auf einer Geistreise oder in einem Klartraum Tausendgüldenkraut, dann verweile an dem Ort. Nach und nach wird sich dort eine märchenhafte Szene bilden.

Weinrebe

Die Weinrebe symbolisiert Urlaubsgefühle, entspanntes Dasein. Das Leben wird genossen.

Wolfsmilch

Wolfsmilch verdeutlicht die sehr schmerzhafte Ursache einer verdrängten Erfahrung.

Yuccapalme (Palmlilie, Yucca)

Die Yuccapalme ist keine Palme. Sie versinnbildlicht eine Entwicklung, die zum Stillstand gekommen ist.

Zypergras

Zypergras zeigt die übertriebene Angst vor lauernden Gefahren.

Tiere allgemein – Mentalitäten

Tiere sind symbolisch verbunden mit Denk- und Verhaltensmustern. Je fremder dir ein Tier ist, desto fremder erscheint dir die zugehörige Mentalität.

– Die symbolische Bedeutung verschiedener Tierkategorien:

Tiere in Haus und Hof
Sie stehen den Menschen sehr nah. Sie symbolisieren grundlegende Wesenszüge des Egos.

Einheimische Tiere
Sie gehören zur Mentalität einer Gruppe, eines Volkes oder einer Kultur.

Exotische Tiere
Sie gehören zur Mentalität einer Gruppe, eines Volkes oder einer Kultur, die du als sehr andersartig empfindest.

Ausgestorbene Tiere
Dinosaurier und andere ausgestorbene Tiere repräsentieren seelische Verletzungen, die zu deformierten Kräften im Unbewussten geworden sind.

– Es werden auf den nächsten Seiten zuerst besondere Tierarten, die symbolisch Hüter verschiedener inneren Ebenen sind, beschrieben. Danach folgen die Hauptgruppen der Tiere: Säugetiere, Vögel, Reptilien, Amphibien, Fische und Niedere Tiere.

Hunde – die Hüter des Unterbewusstseins

Ein wichtiges Ereignis auf dem spirituellen Weg ist die Begegnung mit dem Hüter des Unterbewusstseins. Nur er kann Zugang zu dieser besonderen Welt mit ihren gewaltigen Kräften gewähren. Der Hüter lässt den Schüler nur vorbei, wenn dieser in seiner Vorbereitungszeit bestimmte Eigenschaften und Kräfte erworben hat. Der Hund ist das Symbol schlechthin für diesen Wächter. Im alltäglichen Leben weisen Hundebesitzer und ihre Hunde übrigens nicht selten ähnliche Gewohnheiten auf, weil die Hunde mit dem Unterbewusstsein ihres Herrchens verbunden sind.

Afghanischer Windhund (Afghane)
Der Afghanische Windhund deutet auf Stolz, der aber öfters nicht wirklich berechtigt ist.

Appenzeller Sennenhund
Er ist ein Begleiter, der den Menschen sehr nahesteht. Er beschützt und hilft, den Weg zur inneren Stärke zu finden.

Australian Shepherd
Der Australian Shepherd fördert das Einheitsgefühl, die Zufriedenheit und die Liebe.

Berner Sennenhund
Der Berner Sennenhund zeigt den Ausweg aus schwierigen Situationen und ist tatsächlich ein Retter in der Not.

Bernhardiner (St. Bernhardshund)
Der Bernhardiner hilft und begleitet Menschen mit seiner Fürsorglichkeit, wenn sie auf ihrem inneren Weg nicht weiterkommen.

Boxer (Deutscher Boxer)
Der Boxer als Wächter führt den Schüler in sehr tiefe Schichten des Unterbewusstseins, um dort eine uralte Kraft zu befreien.

Chihuahua

Der Chihuahua ist mit der schamanischen Welt Mittelamerikas verbunden. Begegnet man ihm in einem Traum oder auf einer Geistreise, dann wird er einem die Bewusstseinsräume der aztekischen Kultur eröffnen.

Cocker Spaniel (Englischer Cocker Spaniel)

Der Cocker Spaniel lehrt insbesondere Workaholics, die einfachen Freuden des Lebens wiederzuentdecken und Freizeit für sich selbst zu nutzen.

Collie (Langhaarcollie)

Der Collie symbolisiert den geistigen Schatz und angestrebtes Glück.

Dackel (Dachshund, Teckel)

Der Dackel ist selbstbewusst, eigenständig und mutig. In übersteigerter Form werden aber daraus Übermut und Selbstüberschätzung.

Dalmatiner

Der Dalmatiner als Geistführer prüft den Schüler, indem er ihn in ein mentales Labyrinth führt, aus dem der Suchende wieder herausfinden soll.

Deutsche Dogge

Die Deutsche Dogge symbolisiert ein hohes Interesse am normalen Leben und relativ wenig Interesse, tiefere Bewusstseinsschichten zu erkunden.

Deutscher Schäferhund

Der Deutsche Schäferhund steht für Treue, Arbeitswillen und Selbstsicherheit. Er verfügt aber auch über eine gewisse Angriffslust – Vorsicht ist angebracht, diese nicht zu wecken.

Deutscher Spitz

Der Deutsche Spitz symbolisiert Geselligkeit, aber nur im engen Bekanntenkreis. Der Rest der Welt wird eher ausgeschlossen.

Dobermann

Der Dobermann lässt sich nicht von seinem gewählten Weg abbringen. Er hält unbeirrbar daran fest.

Englische Bulldogge

Die Englische Bulldogge weist als Hüter auf die zu starke Ich-Bezogenheit des Schülers hin. Es gilt, diese Verbissenheit und Unbelehrbarkeit loszulassen.

Französische Bulldogge

Die Französische Bulldogge hält sich gerne in schwierigen Regionen des Unterbewusstseins auf, um verirrte Kräfte wieder auf den richtigen Weg zu bringen.

Golden Retriever

Als geistiger Hüter fordert er von seinen Schülern die Eigenschaften Treue und Gutmütigkeit. Beide Qualitäten sind verbunden mit dem Element Wasser.

Harzer Fuchs

Er symbolisiert den unkultivierten, triebhaften Teil im Menschen.

Hovawart

Der Hovawart ist verbunden mit »action«. Dabei soll diszipliniertes Verhalten nicht zu kurz kommen.

Irischer Wolfshund

Der Irische Wolfshund als Hüter des Unterbewusstseins fordert vom Schüler eine edle ritterliche Haltung.

Jack Russell Terrier

Der Jack Russell symbolisiert ausgeprägtes Selbstbewusstsein, Intelligenz und Spürsinn. Er ist der »Sherlock Holmes« unter den Hunden.

Labrador (Labrador Retriever)

Die Spezialität des Labradors ist es, verborgene Informationen aufzuspüren und zu überbringen. Er vermittelt auch Botschaften von Wesen aus der Zwischenwelt.

Mops

Der Mops symbolisiert einen hochrangigen geistigen Begleiter, der einem die verborgenen Schätze im Unterbewusstsein zeigen kann.

Neufundländer

Der Neufundländer symbolisiert einen mächtigen geistigen Beschützer, der überaus freundlich und wissend ist.

Pudel

Der Pudel warnt davor, zu sorglos aufgrund hoher Intelligenz zu sein.

Rhodesian Ridgeback

Als geistiger Hüter signalisiert er dem spirituell Suchenden, das immense Gebiet des Unterbewusstseins noch nicht bewusst zu betreten. Zuvor sollen noch mehrere schwere Blockaden gelöst werden.

Rottweiler

Ein Rottweiler als Hüter des Unterbewusstseins zeigt dem Anwärter, auf keinen Fall mit der Bewusstseinserweiterung fortzufahren, bevor er nicht grundlegend an sich gearbeitet hat.

Yorkshire Terrier

Der Yorkshire Terrier erkennt falsche Absichten und hinterlistige Gedanken.

Katzen – die Hüter der Seelenwelt

Katzen sind Wächter der Astralwelt, des Jenseits. Sie sorgen dafür, dass die Grenze zwischen Diesseits und Jenseits nicht von Unbefugten überschritten wird. Sie symbolisieren verschiedene Aspekte der Seele eines Menschen. Nicht selten spiegeln Katzen Charaktereigenschaften ihrer Besitzer.

Angorakatze
Die Angorakatze symbolisiert etwas, das dich anzieht oder das du gerne hättest. Sie hat mit Verlockung, Sehnsucht und Attraktion zu tun.

Bengal (Bengalkatze)
Mit Eleganz und Sportlichkeit betont die Bengal ihre animalische Seite und zieht so viel Aufmerksamkeit auf sich.

Britisch Kurzhaar
Die Britisch Kurzhaar führt dich zu stillen, friedlichen Seelenbereichen, in denen auch die kleinen Dinge bedeutsam sind.

Europäisch Kurzhaar (Keltisch Kurzhaar)
Die Europäisch Kurzhaar ist eine Katze, die weibliches Selbstbewusstsein, Aktivität und Naturverbundenheit symbolisiert.

Kartäuser (Chartreux, Malteserkatze)
Die Chartreux symbolisiert einen Seelenteil, der leichten Zugang zu Geisterregionen hat.

Maine-Coon-Katze (Amerikanische Waldkatze)
Die Maine-Coon-Katze symbolisiert den Genuss des Ego-Daseins.

Perserkatze
Die Perserkatze lässt sich gerne verwöhnen. Sie liebt das luxuriöse Leben.

Siamkatze (Siamese)

Die Siamkatze heilt Defizite im Sozialverhalten.

Pferde – die Hüter der Lebenskraft

Während Hunde die Hüter des Unterbewusstseins und Katzen die Hüter der Seelenwelt sind, symbolisieren Pferde die Hüter der Lebenskraft und des geistigen Potenzials.

Die **Fellfarben** bei Pferden sind bedeutsam:

Brauner
Ein Brauner ist ein Pferd mit rötlichem bis bräunlichem Fell und schwarzen Beinen, Mähne und Schweif. Er symbolisiert Lebenskraft, die sich in Tatkraft, Wohlstand und Besitz manifestiert.

Fuchs (Pferd)
Ein Fuchs ist ein Pferd mit bräunlichem, rötlichem oder gelblichem Fell. Er symbolisiert Lebenskraft, die sich in Willenskraft, Macht und Anerkennung widerspiegelt.

Rappe
Der Rappe ist ein Pferd mit schwarzem Langhaar und Fell. Er symbolisiert Lebenskraft, die sich als Selbstachtung, Identität und Ritterlichkeit zeigt.

Schecke
Der Schecke ist ein Pferd mit einer bestimmten Grundfarbe und größeren weißen Bereichen, die klar umgrenzt sind. Er symbolisiert Lebenskraft, die sich in Partnerschaft, Liebesglück, Zusammenhalt und Familiensinn äußert.

Schimmel
Ein Schimmel ist ein weißes Pferd beliebiger Rasse. Er symbolisiert Lebenskraft, die sich in persönlicher und spiritueller Entwicklung ausdrückt.

– Die symbolische Bedeutung verschiedener Pferderassen:

Andalusier
Aufgaben werden mit Leidenschaft und Hingabe erledigt.

Appaloosa
Die Sehnsucht nach Freiheit und Western-Romantik.

Clydesdale
Es versinnbildlicht immense Kraft und Arbeitswillen.

Deutsches Reitpony
Es steht für das Hineinwachsen in größere Aufgaben.

Friese
Ritterlichkeit und Ernsthaftigkeit stehen im Vordergrund.

Haflinger
Die vier Basiskräfte: Mut, Ausdauer, Anpassung und Beweglichkeit. Erst wenn sie einigermaßen im Einklang sind, ist die Voraussetzung für spirituelle Entwicklung gegeben.

Hannoveraner
Als Hüter zeigt der Hannoveraner, wie man den inneren Weg erfolgreich meistert.

Highland-Pony
Es steht für ein naturverbundenes, einfaches und ehrliches Leben.

Isländer (Islandpferd, Islandpony)
Einordnung in die Gesellschaft, ohne die Unabhängigkeit zu verlieren.

Lipizzaner
Er symbolisiert einen Meister, der die Stationen des spirituell-magischen Weges vermittelt.

Mustang
Er ist ein schamanischer Hüter, der immer wieder in Erscheinung tritt, um dem Schüler den nächsten Schritt auf dem Weg zu zeigen.

Norwegisches Fjordpferd (Norweger, Fjordpferd)
Symbolisch ist dieses Pferd ein Naturwesen; es hütet das Tor, das zum Meister der Naturgesetze führt.

Quarter Horse (American Quarter Horse)
Es überblickt die Lage und findet schnell eine unkonventionelle, effiziente Lösung.

Shetlandpony
Es hütet Schätze, ist aber oft unwillig, diese zu zeigen oder zu teilen.

Shire Horse
Es kann gigantische Lasten tragen und sehr schwere Aufgaben bewältigen. Es erhält dafür nur eher wenig Dankbarkeit.

Vollblutaraber (Arabisches Vollblut)
Ein gutes Image und Imagepflege nehmen einen hohen Stellenwert ein.

Wielkopolski (Polnisches Warmblut)
Er verschleiert seine edlen Qualitäten und sein wahres Potenzial.

Affen – die Hüter der Bedürfnisse und Triebe

Affen sind verbunden mit Bedürfnissen, Trieben und auch Aggressionen, denen ohne Überlegung nachgegangen wird. Dieses unkultivierte Verhalten ist mehr oder weniger typisch für Kinder.

– Menschenaffen:

Gibbon
Sie werden auch als »Kleine Menschenaffen« bezeichnet. Gibbons sind verbunden mit Spaß und Spiel – sie sind ganz und gar »Kinder«.

Gorilla
Er sorgt für die Regulierung der verschiedenen Körperenergien. Entstehen dort Spannungen, rastet er aus.

Orang-Utan
Triebgebundene Intelligenz, neigt sehr zu Aggressionen.

Schimpanse
Er symbolisiert die Intelligenz des Körpers in einer infantilen, ungeschliffenen Form.

– Weitere Affen:

Brüllaffe
Primitives Massenverhalten, wobei Argumente durch Brüllen übertönt werden.

Kapuzineraffe
Er braucht ein festes soziales Umfeld, wo er sich sicher fühlen kann. Er hat wenig eigene Ideen, ist dafür aber treu.

Meerkatze
Sie hütet alte Tempel und andere Kultstätten, die von der Natur zurückerobert worden sind.

Pavian
Düstere Emotionen und Triebe, fast dämonenhaft.

Bären – die Helfer der Erdenmutter

Bären symbolisieren die schützenden und nährenden Kräfte von Mutter Natur.

Braunbär
Braunbären sind leicht erkennbar an ihrem muskulösen Nackenbuckel. Sie symbolisieren Liebe, Geduld und Ausgeglichenheit in anstrengenden und stressigen Situationen.

Eisbär (Polarbär)
Die Kräfte von Mutter Natur in egoistischer, bedrohender oder gefühlskalter Form.

Grizzlybär
Die rechte Hand der Erdenmutter. Er nimmt dich mit zu magischen Orten in der Natur.

Großer Panda (Riesenpanda, Pandabär)
Er ist der Hüter einer Chronik, in der alle fantastischen Möglichkeiten aufbewahrt werden. Er kann dich zu jedem Ort im Reich der Fantasie führen.

Koalabär (Koala)
Er hütet Möglichkeiten der Wandlung, um unauffällig und unbeachtet zu bleiben.

Kragenbär (Asiatischer Schwarzbär, Mondbär)
Er kennt den Weg ins Jenseits.

Malaienbär (Sonnenbär)
Er hütet verschiedene Zeremonien alter Völker.

Nasenbär (Rüsselbär)
Unbemerkt beobachtet er die verschiedenen Seinsebenen.

Schwarzbär (Amerikanischer Schwarzbär, Baribal)
Er genießt unbekümmert die kleinen Dinge des Lebens. Als Verbündeter ermöglicht er das Reisen in der Anderswelt.

Waschbär
Er ist intelligent, überlegen und schlau. Er wird fuchsteufelswild, wenn er überlistet wird.

Großkatzen und Kleinkatzen – die Hüter der Niederen Seelenwelt

Sie sind die Hüter der niederen Astralwelt, wo bedrohliche und ungezügelte Kräfte, Triebe und Leidenschaften zu Hause sind.

Gepard
Er symbolisiert primitiv-magische Kräfte, die unterwerfen, versklaven und ausnutzen.

Jaguar
Er ist verbunden mit einer Kraft, die andere beherrscht und sie rücksichtslos für eigene Zwecke einsetzt.

Leopard
Er symbolisiert dunkelmagische Kräfte, die selbstbewusst und durchdacht eingesetzt werden.

Löwe
Der Löwe steht für die Schöpfungskraft der Imagination.

Luchs
Ein für dich unsichtbarer Begleiter, der Chancen wittert und ergreift. Er nimmt es dabei moralisch nicht so genau.

Puma (Silberlöwe, Berglöwe)
Das Verweilen in Träumen und Meditationen zur Selbstfindung.

Schwarzer Panther
Ein schwarzer Panther ist ein Leopard mit schwarzem Fell. Er symbolisiert einen mächtigen Dunkelmagier.

Tiger
Der aggressive Trieb des Eroberns, Erbeutens, Unterwerfens. Das Vernichten von Lebensraum und Lebenskraft anderer.

Greifvögel – die Hüter des Überbewusstseins

Greifvögel stehen symbolisch für geistige Kräfte, die Inspiration, Überblick, Selbstentfaltung und spirituelle Erfahrungen schenken. Auch weisen sie auf Muster hin, die dem persönlichen Glück im Wege stehen und dringend aufgelöst werden sollten.

Adler
Höhere Erkenntnis und Konzentration, die zur Lösung mannigfaltiger Probleme führt.

Bussard
Er spürt dunkle Geheimnisse auf und hütet sie.

Falke
Der Meister des Geistes.

Geier
Er zeigt genau die Bereiche des Geistes an, die nicht mehr lebendig sind.

Habicht
Er sammelt und archiviert geistiges Wissen und höhere Erkenntnisse. Für ihn sind sie persönliche Trophäen, die er ungerne mit anderen teilt.

Kondor
Er weist auf falsche Erkenntnisse, Racheschwüre und alte Flüche hin.

Sperber
Er zeigt, wo man den Glauben verloren hat oder kurz vor dem Aufgeben steht.

Meeressäuger – die Hüter des Selbst

Zu den Meeressäugern gehören Wale (auch die Delfine), Robben, Seekühe und Seeotter. Die Vertreter dieser Gruppe führen die Anima und den Animus zusammen. Sie sind die Hüter des Selbst.

Delfin
Er aktiviert die Selbstheilungskräfte und stellt das Natürliche im Menschen wieder her.

Orca (Großer Schwertwal, Killerwal)
Er deutet auf einen Teil des Selbst hin, der auf Kosten anderer Wesen und Kräfte übermächtig geworden ist.

Seehund
Er hütet und verstärkt die Quelle der Kreativität, Lebenskraft und Lebensfreude.

Seekuh
Sie symbolisiert einen Teil im Menschen, der stets bereit ist, zu dienen und zu helfen, bis zur Selbstaufopferung. Sie neigt dazu, andere dabei einzuengen.

Seeotter (Kalan, Meerotter)
Er vertritt praktische Intelligenz, Fleiß und Geschicklichkeit. Als Mensch würde er einen idealen Hausmeister abgeben.

Wal
Er vertritt die Weisheit des Unbewussten. Störende oder problematische Sachverhalte werden in einem völlig unbewussten Reifungsprozess verarbeitet und umgewandelt, um als frische und neue Kräfte wieder im Bewusstsein aufzutauchen.

Walross
Es steuert selbstbewusst und starsinnig Ziele an. Obwohl es im Wesenskern gutmütig ist, spielt das Walross gerne den Grimmigen.

Schlangen – die Hüter des unbewussten Potenzials

Im Unbewussten des Menschen schlummert ein gigantisches Potenzial. Seine Aktivierung kann sich positiv oder destruktiv auswirken. Damit es sich heilend, erneuernd und bereichernd im Leben entfalten kann, ist unbedingt eine sanfte und behütete Erweckung erforderlich. Das Symbol für diese unbewusste Energie ist die Schlange. Eine Schlange, die sich in den eigenen Schwanz beißt, weist auf die Synthese von Materiellem und Spirituellem hin.

Anakonda
Sie kreiert Situationen, die genutzt werden können, um schnell das eigene Potenzial zu verwirklichen. Wichtig ist es, diese Chancen sofort zu ergreifen, weil sie nur für kurze Zeit vorhanden sind.

Boa constrictor (Abgottschlange, Königsboa)
Die Boa symbolisiert eine große potenzielle Kraft, die wohldosiert und gut gelenkt werden sollte, damit die geistigen Kräften im Menschen keinen Schaden nehmen.

Klapperschlange
Sie stellt einen Schamanengeist dar, der eine dringende Warnung bezüglich deiner spirituellen Entwicklung überbringt.

Kobra
Die Kobra ist verbunden mit einer weiblichen Kraft, die Leben und Heilung spendet. Ein Übermaß an dieser Lebenskraft aber ist ungünstig, weil es ins Gegenteil umschlagen kann.

Kreuzotter
Sie gehört zur Familie der Vipern. Als Hüterin kann sie dich zu außergewöhnlichen Orten in der Anderswelt bringen, in der andere Gesetze gelten und die Zeit anders fließt. Hier können völlig neue Impulse für deine Zukunft gefunden werden.

Ringelnatter

Sie vertraut dir wohlbehütete Geheimnisse an, die dir helfen, die Stationen des inneren Weges zu meistern.

Hirsche – die Hüter der kosmischen Weisheit

Das Geweih auf dem Kopf eines Hirsches zeigt, dass die kosmische Weisheit über das Kronenchakra hineinströmen kann. Es herrscht geistige Klarheit, die zum Gleichgewicht zwischen Mensch und Natur führt.

Damhirsch
Er hütet alte magische Weisheitssysteme. Er gewährt nur denen Zugang, die eine bestimme Herzensqualität erreicht haben.

Elch
Er passt sich so gut wie möglich an jede Situation an und nutzt dazu die Weisheit der Wesen aus den von Menschen vergessenen oder gemiedenen Regionen der Natur. Zu Moorgeistern, Nebelwesen, Irrlichtern und Trollen hat er eine gute Beziehung.

Reh
Es lässt sich im Leben von Weissagungen, Aphorismen und Volksweisheiten lenken. Es agiert nur, wenn die Sterne günstig stehen und die Vorzeichen verheißungsvoll sind.

Rentier (Ren)
Das Rentier (in Nordamerika Karibu) symbolisiert Weisheit und Verständnis durch Identifikation mit den verschiedenen Lebensformen. Es strebt nach Harmonie zwischen den Wesen der verschiedenen Ebenen.

Rothirsch
Der Rothirsch hat ein besonders großes und weitverzweigtes Geweih. Er nimmt seine Aufgabe als Hüter der Weisheit sehr ernst. Unbefugte werden notfalls mit harschen Methoden von der Grenze zur Welt der Naturkräfte und -wesen ferngehalten.

Spinnen – die Hüter der Schattenwelt

Spinnen hüten die Schattenwelt und sorgen dafür, dass man mit bestimmten Schattenteilen aus vergangenen Leben konfrontiert wird. Diese Schattenteile sollten durchschaut werden. Begegnet dir auf einer Geistreise eine gefährliche Spinne, dann komme ihr nicht zu nahe, denn sie wird versuchen, dich in ihre Welt zu locken.

Gartenkreuzspinne
Sie wirkt eher unschuldig, versucht aber, dich zu umgarnen und einzuwickeln, um deine Kräfte dann nach und nach für ihre Ziele zu nutzen.

Schwarze Witwe (Europäische oder Mediterrane Schwarze Witwe)
Sie verspricht ekstatische Erfahrungen, danach kommt aber das böse Erwachen.

Tarantel (Apulische Tarantel)
Sie gehört zur Familie der Wolfsspinnen. Unbemerkt dringt sie in dein feinstoffliches System ein und macht es sich dort gemütlich. Sie wartet dort auf den günstigen Moment, die Möglichkeit der Selbstbestimmung zu eliminieren.

Vogelspinne
Sie besticht durch fremdartige Sanftheit und Schönheit. Eine Verbindung mit ihr führt aber zum Kontrollverlust der Sinne.

Wasserspinne (Silberspinne)
Diese Spinne symbolisiert die Verlockung, die Seelenwelt wachbewusst und ohne eine vorherige spirituelle Schulung erkunden zu können. Die Gefahr dabei ist, dass Schattenteile einen überwältigen können und man fremdbestimmt wird.

Weberknecht (Schneider, Schuster, Opa Langbein)
Der Weberknecht verdirbt seine Umgebung nach und nach durch falsche Lehren.

Wespenspinne (Zebraspinne, Tigerspinne, Seidenbandspinne)
Sie symbolisiert die Gefahr, das spirituelle Potenzial mit falschen Techniken oder mit falschen Absichten zu erwecken.

Winkelspinne (Große Winkelspinne, Hausspinne)
Diese Spinne weist auf ein trauriges, durch Altlasten geprägtes Leben hin.

Wolfsspinne
Es besteht die Gefahr, in den Bann eines mächtigen Wesens oder Menschen zu geraten. Diese Beziehung würde zur völligen Abhängigkeit von ihm führen.

Zitterspinne
Sie ist Meisterin der Täuschung und scheint über viel größere Fähigkeiten zu verfügen, als es in Wirklichkeit der Fall ist. Von ihren Künsten geblendet, ist es irgendwann kaum noch möglich, sich ihrem Wirkungskreis zu entziehen.

Schmetterlinge – die Hüter des Selbstbildes

Schmetterlinge oder Falter deuten auf ein Stadium der seelischen Entwicklung hin, in dem man sich mit Selbstbild, Idealbild, Rolle und Maske auseinandersetzt.

Raupe
In diesem Stadium findet seelisches Wachstum durch die Auseinandersetzung mit vielen Formen spiritueller und esoterischer Weisheit statt.

Puppe
Die Puppe deutet auf Altlasten hin, von denen man sich verabschieden möchte.

Kokon
Ein Kokon ist das seidene Gespinst mancher Puppen. Er steht für die Phase der Befreiung und Verwandlung.

– Die symbolische Bedeutung einzelner Schmetterlinge:

Hauhechel-Bläuling (Gemeiner Bläuling)
Er führt ins Elfenreich durch ein Gefühl der Wehmut.

Kaisermantel
Dieser Schmetterling weist auf die innere Sehnsucht nach entfernten Seelenwelten hin, die nach außen hinter einer Fassade von Glück, Fröhlichkeit und Eleganz versteckt wird.

Kleidermotte
Sie zerstört eine Fassade, damit die innere Wirklichkeit sichtbar wird.

Kleiner Fuchs
Er entwickelt sich seelisch durch Diät, Fasten, Askese, eisernes Training oder andere Formen von Beherrschung und Entsagung.

Kleiner Kohlweißling
Mit großem Fleiß sammelt er esoterisches Wissen, das er gerne mit anderen teilt.

Nachtfalter (Motte)
Er ist ein gut getarnter, unauffälliger Helfer, der dich unerwartet mit der unbekannten, irrealen Seite deiner Persönlichkeit in Kontakt bringt.

Schwalbenschwanz
Er macht Heilung durch direkte Konfrontation mit der inneren Wirklichkeit möglich.

Tagpfauenauge
Dieser Schmetterling geht gerne unkonventionelle Wege und arbeitet gerne mit Eigenkreationen.

Trauermantel
Er fühlt sich nicht sehr mit dieser Welt verbunden und sehnt sich nach mystischen Welten voller Stille und Unvergänglichkeit.

Zitronenfalter
Für ihn ist das Leben ein wunderschöner, nie endender Sommer voller Freude und Sinnlichkeit.

Krokodile – die Hüter der Urängste

Krokodile hüten die nie endende Nacht, das dunkle Verlies, aus dem es kein Entrinnen gibt, die Welt, die wie ein einziger Albtraum ist. Sie liegen auf der Lauer, um leichte Beute in ihre unheimliche Welt zu ziehen.

– Die symbolische Bedeutung verschiedener Tiere aus der Ordnung der Krokodile:

Alligator
Er ist ein feinstoffliches Wesen, das es dir möglich macht, bestimmte paranormale Ereignisse zu erleben. Von dir unbemerkt, sammelt er dabei Kräfte von dir und nutzt diese, um selbstständig und eigennützig in dieser Welt wirken zu können.

Kaiman
Er symbolisiert den Drang, sich während des Lebens zu viel mit dem Tod zu beschäftigen.

Nilkrokodil
Es symbolisiert die unbegründete, irreale Angst, dass in normalerweise ungefährlichen Situationen etwas Furchtbares passieren könnte und man dadurch großen Schaden nehmen könnte.

Elefanten – die Hüter der Kundalini-Kraft

Elefanten symbolisieren das schöpferische Potenzial im Wurzelchakra des Menschen. Sie sind verbunden mit der Weisheit der Erde. Es gibt drei Arten:

Afrikanischer Elefant (Steppenelefant, Savannenelefant)
Er ist Hüter der Kundalini-Kraft, er kann das schöpferische Potenzial im Menschen durch Klang lenken. Die Wirkung ist transformierend und heilend.

Asiatischer Elefant (Indischer Elefant)
Er vertritt den bewusstseinserweiternden Aspekt der Kundalini-Kraft.

Waldelefant
Diese Elefantenart lebt im tiefen Urwald. Sie symbolisiert die Kräfte der Anderswelt, die »unmögliche« Dinge vollbringen können.

Rabenvögel – die Hüter magischer Kräfte

Raben und Krähen gehören zur Familie der Rabenvögel und sind die Vögel mit der größten Intelligenz.

Dohle
Sie repräsentiert alte und teilweise überholte Formen der Magie.

Eichelhäher
Er vertritt die Schutzmagie.

Elster
Sie symbolisiert List und magische Täuschung, um Vorteile zu erlangen und Gewinne zu erzielen.

Nebelkrähe (grau-schwarze Aaskrähe)
Die magische Taktik einer Nebelkrähe besteht darin, Geheimnisse durch Irreführung, Ablenkung oder durch das Löschen relevanter Erinnerungen zu verschleiern.

Rabe (Kolkrabe)
Der Kolkrabe ist der größte Rabenvogel Europas. Er symbolisiert die Bewusstwerdung und den Gebrauch magischer Kräfte.

Rabenkrähe (schwarze Aaskrähe)
Die Rabenkrähen sind Späher und können sich untereinander über ein unsichtbares Kommunikationsnetz verständigen. Sie nutzen es, um Informationen auszutauschen oder um verborgene Dinge zu finden.

Saatkrähe
Die Saatkrähen beherrschen die Verwandlungs- und Tarnungsmagie.

Schuppenkriechtiere – die Hüter der unbewussten Beweggründe

Diese Tierordnung hat zu tun mit scheinbar unlösbaren Aufgaben, unsichtbaren Barrieren, falschen Prämissen und Glaubenssätzen. Sie sind Herausforderung und Lösung zugleich. Sie zwingen dich indirekt dazu, deine Ansichten zu ändern und deine Beweggründe zu überdenken.

Agame
Sie symbolisiert eine Kraft in uns, die ein Weiterkommen auf dem eigenen Weg verhindert. Zähmt man diese Kraft, gibt sie den Weg frei.

Chamäleon
Es ist eine geistige Kraft, die die verschiedensten Formen annehmen kann. Erst wenn du dein Bewusstsein weiterentwickelt hast, wird ein direktes Erkennen dieser Kraft möglich. Sie ermöglicht es dir, du selbst zu sein und dich trotzdem in andere Wesen, Dinge und Situationen hineinzuversetzen.

Eidechse (Echte Eidechse)
Sie symbolisiert das scheinbar nahe Ziel, das aber immer gerade außer Reichweite ist. Bewegt man sich weiter auf das Ziel zu, entfernt es sich gerade so weit, dass der Abstand zwischen dir und dem Ziel genauso groß bleibt.

Gecko
Er bewirkt das Festhalten an falschen Sichtweisen und Glaubenssätzen.

Leguan
Dieses Schuppenkriechtier täuscht Bedrohungen vor. Es geht darum, zu erkennen, wovon wirklich Gefahr ausgeht und wovon nicht.

Waran

Der größte Vertreter der Warane ist der **Komodowaran**. Die Warane symbolisieren Verhaltensmuster, die nur mit großer Mühe geändert werden können.

Säugetiere – Verhaltensweisen

Die Gruppe der Säuger verkörpern Denk- und Verhaltensmuster, die vorwiegend Ausdruck im Sozialen finden.

Anmerkung: **Hunde, Katzen, Pferde, Affen, Bären, Großkatzen und Kleinkatzen, Meeressäuger** sowie **Hirsche** und **Elefanten** sind in eigenen Gruppen aufgeführt.

Ameisenbär
Er steht für eine Person, die akribisch Wissen sammelt und gern als Autorität auf seinem Gebiet gesehen werden möchte.

Baummarder (Edelmarder)
Der Baummarder wohnt im Wald. Er bezeichnet einen ruhelosen Geist, der etwas sucht oder wiederhaben will.

Biber
Er symbolisiert die Haltung, alles so zu tun, wie es sich gehört. Er ist anständig, fleißig, treu und tut alles für die Familie.

Bisamratte (Bisam)
Sie ist keine Rattenart, sondern gehört zu den Wühlmäusen. Symbolisch ist sie entweder das Opfer ungerechter oder gemeiner Angriffe, oder sie täuscht die Opferrolle vor, um Aufmerksamkeit zu erregen und Vorteile zu erlangen.

Bison (Amerikanischer Bison)
Er schützt die höheren Kräfte im Menschen und verfügt dabei über ein enormes Abwehrpotenzial. Nur wenn ein Herausforderer nicht zurückweicht, brechen diese Kräfte tatsächlich aus und überrollen ihn.
Siehe auch: Wisent.

Dachs
Der Dachs ist ein Grenzgänger: Er findet sich sowohl in vorteilhaften als auch in unvorteilhaften Gegenden gut zurecht. Er kommt mit Wesen verschiedener Herkunft gut aus.

Dromedar (Einhöckriges Kamel, Arabisches Kamel)
Es ist verbunden mit Zärtlichkeit, Trost und Lebenskraft in kargen Zeiten.

Eichhörnchen
Es bezeichnet eine verborgene, ungreifbare Kraft, die immer wieder kurz erscheint, um auf das Ungeklärte und Übernatürliche hinzuweisen.

Esel
Der Esel symbolisiert Gewohnheitsdenken und Durchhaltevermögen, das in vielen Fällen in dumpfer Routine endet.

Fledermaus
Die Fledermaus ist verbunden mit dunklen Gedanken und Energien, die unter anderem benutzt werden, um andere zu kontrollieren.

Frettchen (Frett)
Es bezeichnet nicht selten ein gewisses Maß an Selbstverliebtheit, Eitelkeit und Wichtigtuerei.

Fuchs (Rotfuchs)
Er ist überlegen, intelligent, schlau, wodurch er kaum in die Enge getrieben werden kann. Er erkennt mühelos die Schwächen anderer und nutzt diese, um sich selbst zu schützen.

Gämse
Sie symbolisiert Lust auf Abenteuer in der Natur und in der Wildnis.

Giraffe

Verständnisvoll hört sie sich den Kummer anderer an. Stolz und weise gibt sie scheiternden Menschen kluge Tipps, damit sie nicht noch mal gegen die Wand rennen.

Gürteltier

Das Gürteltier schützt sich vor Gefahren, die seiner Meinung nach überall und jederzeit lauern.

Hamster

Er ist verbunden mit gut geordneten Gedanken und Gewohnheiten. Er denkt an alles; planen und systematisieren sind genau sein »Ding«.

Hase (Feldhase)

Er verfügt über eine gute Intuition und ist ein guter Ratgeber. Sein Rat wird zwar meistens befolgt, aber er selbst genießt wenig Anerkennung und Ansehen.

Hermelin (Großes Wiesel)

Es ist ein Symbol der Mächtigen, die überwiegend aus noblen Motiven handeln, aber, wenn die Umstände es erfordern, hin und wieder auch Methoden anwenden, die moralisch nicht ganz einwandfrei sind.

Hyäne

Die Hyäne nutzt die Schwächen anderer gnadenlos aus. Auch wenn sie in einer dienenden Position ist, bleibt sie hinterhältig und absolut nicht vertrauenswürdig.

Igel

Er symbolisiert den Meister, der sich nach vielen Jahren Unterricht zurückgezogen hat und nun mehr oder weniger als Eremit lebt.

Iltis

Der Iltis ist ein typisches Helfertier mit gesundem Selbstbewusstsein: Er ist ein mutiger Wegbegleiter.

Kalb (junges Rind)

Das Kalb symbolisiert eine niedliche Seite der Persönlichkeit, die aber einhergeht mit Unerfahrenheit und Unwillen, sich wirklich anzustrengen oder zu entwickeln.

Kamel

Siehe: Dromedar und Trampeltier.

Känguru

Das Känguru hilft dabei, irdische Pläne schnell zu verwirklichen.

Kaninchen

Es symbolisiert Ängstlichkeit und Selbstunterschätzung.

Kuh (Rind)

Sie symbolisiert eine materielle Ausrichtung, die zum Wohlstand führt.

Lama

Es symbolisiert den medialen Kontakt zu Geistern.

Lamm

Es symbolisiert Unschuld, Karmaauflösung oder Einweihung.

Marder (Echter Marder)

Siehe: Baummarder und Steinmarder.

Maulesel

Er vertritt das geistige Potenzial, das in mechanischen Mustern erstickt. Ziele werden verbissen verfolgt, ohne jemals kreative Ideen einzubringen oder neue Ansätze zu verfolgen.

Maultier

Es symbolisiert Ausdauer und Mut, die benötigt werden, um einen schwierigen Weg bis zum Ende gehen zu können.

Maulwurf

Er symbolisiert die Fähigkeit, unauffällig oder unerkannt Systeme und Situationen zu erforschen.

Maus

Die Maus deutet auf eine fast dauerhafte Beschäftigung mit den Problemen des Alltags und ihrer Bewältigung.

Mauswiesel (Zwergwiesel, Kleinwiesel)

Es steht für Tapferkeit und Selbstbehauptung. Angst kennt es nicht.

Meerschweinchen

Das Meerschweinchen glaubt, von sehr vielen Dingen Ahnung zu haben, und kommentiert gerne Arbeitstechniken und -ergebnisse.

Murmeltier

Es reguliert Zeitabläufe, sorgt dafür, dass alles in richtige Bahnen gelenkt wird.

Nashorn (Rhinozeros)

Es deutet auf sehr stark veraltete Strukturen und Weltbilder hin, an denen immer noch festgehalten wird.

Nerz (Amerikanischer Nerz, Mink)

Mit diesem Tier verbunden sind: Status, Reichtum und starke Betonung des äußeren Erscheinungsbildes.

Nilpferd (Flusspferd, Hippopotamus)

Es bezeichnet eine mächtige Kraft im Unbewussten, die einen in ihren Bann zieht. Das klare Ich-Bewusstsein droht zu verschwinden.

Ochse

Das kastrierte männliche **Rind** tritt selbstbewusst auf und ist tatkräftig. Seine Kräfte können nur noch für Pflicht- und Routinearbeiten eingesetzt werden, da der kreative Impuls verloren gegangen ist.

Otter (Fischotter)
Er fügt sich nicht in gesellschaftliche Muster, sondern lebt nach eigenen Grundsätzen.

Ratte (Hausratte, Dachratte, Schiffsratte)
Sie deutet auf eine heruntergekommene oder niederträchtige Person hin.

Rind
Siehe: Kalb, Kuh, Ochse, Stier.

Schaf (Hausschaf)
Das Schaf ist in erster Linie ein Symbol für Gemütlichkeit und Geborgenheit. Wenn es sich aber unbeobachtet fühlt, widmet es sich geheimen Aufgaben der Gruppe, zu der es gehört.

Schakal
Er ist ein Wächter unzugänglicher und tief verborgener Regionen des Unbewussten.

Schwein (Hausschwein)
Dieses Tier symbolisiert Reichtum und Geldzuwachs, ohne sich dafür besonders anstrengen zu müssen.

Spitzmaus
Diese Tiere sind mit den Mäusen nicht näher verwandt. Symbolisch ist sie wie ein Geheimagent, der heikle Aufträge ausführt und geheime Informationen beschafft.

Steinbock (Gemeiner Steinbock, Alpensteinbock)
Auf der Suche nach Weisheit ist er der ideale Begleiter, der einem hilft, große Hindernisse und gefährliche Strecken zu überwinden.

Steinmarder (Hausmarder)
Er vertritt ein Wesen, das die spirituelle Entwicklung behindert.

Stier (Bulle)
Das männliche **Hausrind**, der Stier, steht für pure Konzentration. Sie ermöglicht die Verwirklichung von Wünschen und das Erreichen von Zielen. Es besteht die Gefahr, einseitig zu werden, indem ein Ziel verfolgt wird und dabei wichtige andere Dinge vernachlässigt werden.

Stinktier (Skunk)
Es steht für einen wirkungsvollen Schutzkreis, der nicht überschritten werden kann.

Tapir
Er symbolisiert Stillstand als Folge der Angst vor dem eigenen Potenzial.

Trampeltier (Zweihöckriges Kamel)
Das Trampeltier symbolisiert die Konzentration auf den eigenen Weg, der schließlich zur Pforte der Anderswelt führt.

Widder
Er versinnbildlicht Identität: Er ist er selbst und steht zu den eigenen Werten, ohne dabei arrogant oder intolerant zu sein. Bei penetrantem Benehmen seines Gegenübers ist er durchaus bereit, ihm die Stirn zu bieten.

Wiesel
Siehe: Mauswiesel und Hermelin.

Wildschwein
Es symbolisiert einen Komplex von primitiven Gefühlen und unsozialen Ansichten, der irgendwann auf dem inneren Weg erscheint. Am besten, man nimmt seine Existenz zur Kenntnis, ohne sich von ihr im realen Leben beeinflussen zu lassen.

Wisent (Europäischer Bison)
Der Europäische Bison symbolisiert einfache und natürliche Führerqualitäten wie Sinn für Gerechtigkeit, Großzügigkeit und Mut.

Wolf
Er ist das Symbol für das harte Gesetz der Natur: Die Starken
werden belohnt und die Schwachen gehen unter. In dem Sinne
nimmt er eine Art Richterrolle auf sich.

Zebra
Es entscheidet nach eigenem Ermessen, was gut und was nicht gut
ist, und lebt entsprechend.

Ziege (Hausziege)
Das weibliche Tier (auch **Geiß** genannt) symbolisiert einen naiven
oder unerlösten Teil der Seele.

Ziegenbock
Er setzt sein Wissen und seine psychologischen Kenntnisse gezielt
ein, um große finanzielle und gesellschaftliche Vorteile zu erlangen.

Vögel – Denkmuster

Vögel stehen für Denkmuster in verschiedenen Bereichen.

– Es gibt drei Hauptgruppen, diese sind verbunden mit dem Geistigen, dem Irdischen und dem Seelischen:

Vögel, die sich viel in der Luft aufhalten
Sie symbolisieren Denkmuster, die eher auf den Geist ausgerichtet sind.

Laufvögel
Hier handelt es sich um Denkmuster, die überwiegend auf das Irdische ausgerichtet sind.

Wasservögel
Diese Gruppe ist mit Denkmustern verbunden, die mehr mit seelischen Phasen und Entwicklungen zusammenhängen.

Anmerkung: **Greifvögel** und **Rabenvögel** sind in eigenen Gruppen aufgeführt.

– Die symbolische Bedeutung einzelner Vögel:

Amsel (Schwarzdrossel)
Sie vertritt das Gewissen im Menschen, das zwischen Richtig und Falsch unterscheiden kann.

Brieftaube
Begegnet man der Brieftaube auf einer Geistreise oder in einem Traum, dann symbolisiert sie oft das Bedürfnis, Kontakt zur Anderswelt aufzunehmen. Sie kennt den Weg dorthin und wieder zurück, deshalb eignet sie sich hervorragend als Bote.

Eisvogel
Er ist perfekt getarnt. Die wenigsten würden vermuten, dass er in der Welt des Geistes ein hervorragender schamanischer Geistführer ist.

Emu (Großer Emu)
Er symbolisiert ein Wesen aus der mythisch-magischen Wirklichkeit, das einen Teil unserer Realität hervorbringt.

Ente
Die Ente repräsentiert Zufriedenheit, Vertrauen in das Leben und Unschuld. Nicht selten ist auch Naivität im Spiel.

Eule (eigentliche Eulen, wozu auch **Uhu** und **Kauz** gehören)
Sie symbolisiert einen Schutzgeist in der Nähe von magischen Grenzen, Barrieren und Netzen.
Es gibt noch eine zweite Eulenfamilie, siehe: **Schleiereule**.

Fasan
Er tut sein Bestes, um sich geistig oder spirituell zu entwickeln, hat dabei aber Schwierigkeiten, den eingeschlagenen Weg bis zum Ende zu gehen.

Fink
Er deutet auf ein unbekümmertes, von einer Muse begleitetes Leben hin.

Flamingo
Der Flamingo beschäftigt sich ausgiebig mit der geistig-seelischen Welt, verliert dabei des Öfteren den Kontakt zur Alltagswirklichkeit.

Gans
Die Gans ist verbunden mit grundlegendem Misstrauen Fremdem gegenüber. Dieses Misstrauen führt öfters zu einer aggressiven Verteidigungshaltung und zu erhöhter Wachsamkeit.

Hahn

Er repräsentiert eine egozentrische Einstellung, die im negativen Fall von Selbstverliebtheit oder Überheblichkeit begleitet wird.

Haustaube

Die Haustaube weist auf Bedürfnisse hin, die sich auf Partnerschaft, Harmonie und Häuslichkeit beziehen.

Huhn (Henne)

Als Gegenstück zum Hahn lässt sich die Henne sehr leicht von Imponiergehabe, Statussymbolen und äußerem Schein überhaupt beeindrucken. Geschichten aus Trivialromanen, in der das arme Mädchen vom Dorf den Baron oder die Krankenschwester den gut aussehenden Arzt am Ende heiratet, üben eine besondere Anziehungskraft auf sie aus, denn sie entsprechen ihren eigenen Träumen.

Ibis

Er ist verbunden mit den uralten Riten, Zeremonien und Geheimnissen der Pyramiden.

Kakadu

Der Kakadu zeigt, dass die Seele ergänzt werden soll durch den Geist, um wirklich eine eigenständige Person zu sein.

Kanarienvogel

Er symbolisiert den Geist, der in starren Mustern gefangen ist. In seiner aussichtslosen Situation versucht er, sich mit seiner Gefangenschaft abzufinden, und macht das Beste daraus.

Kiebitz

Er symbolisiert das einfache Dorfleben von früher, wo Zusammenhalt und Hilfsbereitschaft selbstverständlich waren.

Klapperstorch (Weißstorch)

Der aus Legenden und Fabeln bekannte **Storch** deutet auf besondere, von Menschen hervorgerufene Schicksalswendungen, die mit Schwangerschaft, Neugeborenen oder auch unerwiderter Liebe zusammenhängen.

Kolibri
Die Kolibris weisen auf das Vorhandensein einer anderen Wirklichkeitsebene hin, die nur durch Bewusstseinsschulung wahrgenommen und erlebt werden kann.

Kranich (Grauer Kranich, Eurasischer Kranich)
Er steht für das Erreichen hoher oder erhabener Ziele durch Hingabe und Durchhaltevermögen.

Kuckuck
Er symbolisiert die totale Ich-Bezogenheit, wobei nicht selten Interesse an anderen vorgetäuscht wird, um große Vorteile zu erlangen.

Küken
Die ersten unbeholfenen Versuche, über das normale Alltagsdenken hinauszuwachsen. Es braucht noch die Unterstützung eines fürsorglichen Lehrers.

Lerche
Sie versteht es meisterhaft, Anwesende abzulenken, damit diese nicht sehen, dass sie gerade ein Tor zur Anderswelt öffnet, um außergewöhnliche Dinge zu vollbringen.

Meise
Die Meise symbolisiert einen Geistführer, der in eine Parallelwelt mit ungewöhnlichen Geistern führt.

Möwe
Sie symbolisiert die Intelligenz, Anpassungsfähigkeit und Kraft, um in der Natur überleben zu können.

Nachtigall

Dieser Singvogel erzählt vom eingesperrten oder verwunschenen Geist, der befreit werden will, damit er seine ursprüngliche Gestalt wiedererlangen kann. Es gibt mehrere Märchen, die dieses Thema behandeln, beispielsweise »Brüderchen und Schwesterchen«, »Schneeweißchen und Rosenrot«, »Der Eisenhans« und »Der Froschkönig oder der eiserne Heinrich«.

Papagei

Ähnlich wie dem Kakadu fehlt dem Papagei der Geist. Um im Leben zurechtzukommen, spielt er gerne den Chef und wirft mit Floskeln und Bauernweisheiten um sich.

Pelikan

Er symbolisiert den spirituellen Helfer, der Seelen befreit oder heilt.

Pfau

Er steht für den Verstand, der noch lernen muss, zwischen der eigenen und der kosmischen Weisheit zu unterscheiden.

Pinguin

Dieser flugunfähige Seevogel deutet auf das Gefangensein in einem Traum, aus dem man endlich erwachen möchte, um die verlorene Freiheit wiedererlangen zu können.

Puter und Pute

Die domestizierte Form von Truthennen und Truthähnen nennt man Puter und Pute. Diese Vögel verweisen auf ein primitives Stadium der Weissagung.

Reiher

Er symbolisiert eine fortgeschrittene Form der Meditation, um negative Gedankenformen zu erkennen und zu eliminieren.

Rotkehlchen

Für das Rotkehlchen zählt Familiensinn mehr als Individualität.

Schleiereule

Sie steht für den Geist eines Verstorbenen, der bereit ist, einem zu helfen, um sich in der Welt der Träume zurechtzufinden.

Schwalbe

Sie versinnbildlicht einen erdgebundenen Geist, der auf sich aufmerksam machen will.

Schwan

Der Schwan symbolisiert den Engel, der einen durch das Tor in eine andere Welt führt.

Spatz (Hausspatz, Haussperling)

Er bezeichnet eine freche oder schalkhafte Art, die imstande ist, gesellschaftliche Starre aufzulockern.

Specht

Der Specht symbolisiert eine Kraft, die die Verbindung zu Elementarwesen herstellt.

Star

Er symbolisiert den Drang zur Nachahmung und Anpassung, damit man Teil einer Gruppe oder der Gesellschaft sein kann.

Storch

Siehe: Klapperstorch.

Strauß (Afrikanischer Strauß)

Dieser Laufvogel weist auf eine Neigung zur Überheblichkeit hin.

Taube

Siehe: Brieftaube und Haustaube.

Truthahn (Wildes Truthuhn)

Der Truthahn ist verbunden mit überholten Formen der Naturmagie.
Es gibt auch eine domestizierte Form, siehe: Pute.

Wellensittich

Er steht für eine irdisch-materielle Ausrichtung eines Menschen. Seine geistige Herkunft ist völlig in Vergessenheit geraten.

Reptilien (Kriechtiere) – unbewusste Veranlagungen

Die Reptilien stehen symbolisch für unbewusste Veranlagungen und Verhaltensmuster.

Drei wichtige Hauptgruppen werden an anderer Stelle als eigene Gruppen aufgeführt: Schlangen, Krokodile und Schuppenkriechtiere.

Die **Schildkröten** stellen eine weitere signifikante Gruppe dar. Bekannte Untergruppen sind:

Landschildkröte
Eine Landschildkröte steht symbolisch für ein verdrängtes Verhaltensmuster, das eine große Menge an Lebensenergie verbraucht.

Meeresschildkröte
Sie wirkt ein wenig wie ein Vogel, der dazu verdammt worden ist, sein Dasein unter Wasser zu fristen. Symbolisch steht die Meeresschildkröte deshalb für den Geist, der seiner Freiheit beraubt worden ist und ein trostloses Leben in einer ihm fremden und ungeliebten Welt führen muss.

Riesenschildkröte
Die Riesenschildkröte kommt auf den Galapagosinseln und auf den Seychellen vor. Sie deutet auf eine komplett isolierte Energiestruktur hin, die nicht mehr zum Leben beiträgt.

Sumpfschildkröte
Sie bezeichnet eine negative Emotion wie Trauer, Hass, Missgunst oder Eifersucht, die gänzlich verdrängt wurde.

Amphibien (Lurche) – blockierende Kräfte

Die Amphibien oder Lurche stehen für blockierende Wesen und Kräfte im Unbewussten. Sobald eine bestimmte Entwicklungsstufe erreicht wurde, treten sie ins Bewusstsein eines Menschen und fordern eine Auseinandersetzung mit ihnen.

Frosch
Er symbolisiert einen Geist aus der Vergangenheit, der angenommen und transformiert werden möchte.

Kaulquappe
Sie ist die negative Ursache, die den Verlust von seelischer Energie zur Folge hat. Auf Dauer nimmt sie gespenstische Formen an.

Kröte
Sie stellt ein ägyptisches Seelenwesen dar, das so angenommen werden möchte, wie es ist. Erst dann kann seine innere Schönheit zum Vorschein kommen.

Molch
Er symbolisiert die Seele, die sich immer tiefer in merkwürdige feinstoffliche Welten locken lässt und nach und nach den gesunden Realitätssinn verliert.

Salamander
Der Salamander steht für ein dauerhaft störendes Blockadewesen, das erst dann Ruhe gibt, wenn man es wirklich erkannt hat.

Schleichenlurch (Blindwühle)
Dieser Lurch symbolisiert eine formlose oder nicht erkennbare Kraft, deren zwanghafter Wirkung man sich nur durch Bewusstseinsentwicklung entziehen kann.

Unke (Feuerkröte)

Unken sind klein und krötenartig, ihre Unterseite hat bunte Farbmuster, die als Warnung bezüglich ihrer Hautgifte dienen. Sie bewachen verborgene Tempel und halten Neugierige auf Abstand, damit die Geheimnisse dieser Anlagen nicht in falsche Hände geraten.

Fische – Emotionen und Gemütsregungen

Fische symbolisieren im Allgemeinen Emotionen, die sowohl positiv als auch negativ sein können.

Aal
Er symbolisiert eine ursprünglich spirituelle Kraft, die dem Materialistischen verfallen ist.

Barrakuda (Pfeilhecht)
Dieser Raubfisch weist auf eine Situation hin, in der das materielle Streben nicht mehr mit dem spirituellen Streben verbunden ist, sodass Gier und Habsucht die Oberhand gewinnen.

Barsch
Er steht für ein abweisendes und schroffes Benehmen in manchen Situationen.

Dorsch (unter anderem Kabeljau, Schellfisch, Köhler – Kohlfisch – Seelachs)
Diese Fischart fühlt sich oft getrieben, gehetzt oder gejagt.

Fliegender Fisch
Er erlebt Glücks- und Freiheitsgefühle, die aber nicht von Dauer sind.

Forelle
Dieser Fisch weist auf Gutmütigkeit hin, die von anderen ausgenutzt wird.

Goldfisch
Er ist von den Produkten seiner Fantasie so fasziniert, dass er die reale Gefangenschaft, in der er sich befindet, gar nicht wahrnimmt.

Guppy

Er symbolisiert die kurzfristige Flucht in die kindliche Phase des unbeschwerten Glücks.

Hai

Der Hai wird von bodenloser Gier getrieben, er handelt rücksichtslos, um seine Ziele zu erreichen.

Hecht

Er nutzt jede passende Gelegenheit, um mit seiner dreisten Art Vorteile zu erlangen oder im Mittelpunkt zu stehen.

Hering

Dieser Fisch weist auf Kontrollzwang hin, wodurch das Gefühlsleben erstickt wird.

Lachs

Er symbolisiert häufige Kraftanstrengungen, die aber nicht zum gewünschten sozialen Aufstieg führen.

Makrele

Die Makrele weist auf von Erfolg gekrönte Anstrengungen hin, die aber auch zur sozialen Isolation geführt haben.

Rochen

Er wirkt fürsorglich auf andere, hat aber heimlich nur den eigenen Vorteil im Sinn. Der **Sägefisch** gehört auch zu den Rochen: Er wird auch **Sägerochen** genannt

Schleierschwanz

Dieser Fisch ist eine Zuchtform des Goldfisches. Seine Selbstverliebtheit und seine Selbstdarstellung machen ihn unfrei.

Scholle (Goldbutt)

Die Scholle lebt nur eine Seite ihres geistigen Potenzials und fühlt sich entsprechend.

Schwertfisch

Er fühlt sich seelisch isoliert, versteht aber nicht, dass seine eigenen starren Ansichten die Ursache dafür sind.

Thunfisch

Als Person wird er übersehen, nur sein Nutzen für die Gesellschaft wird anerkannt.

Wels (Echter Wels)

Er verstrickt sich in die eigenen Glaubenssätze und versucht, Menschen diese als universelle Wahrheit zu verkaufen.

Insekten – Affirmationen, Aphorismen und Mantras

Insekten stehen symbolisch für Gedanken, Ansichten, Ideen und Klangfolgen, die bestimmte Bereiche der Alltagsrealität wiedergeben oder stark beeinflussen. Auch innere Dialoge gehören zu dieser Gruppe, weil sie die Realität aufrechterhalten.

Anmerkung: **Spinnen** und **Schmetterlinge** sind in eigenen Gruppen aufgeführt.

Ameise
Ameisen stehen für ein Heer, das mächtig und rücksichtslos seine Ziele verfolgt.

Biene
Eine Biene bezeichnet ein Elementarwesen, das die Entfaltung des großen inneren Potenzials initiiert und begleitet.

Bockkäfer
Unbemerkt vernichtet er höhere Ideen und Ideale, um sie durch egozentrische ersetzen zu können.

Fliege
Sie steht für einen Gedanken, der einen nicht mehr loslässt und der auf Dauer zu ungewollten Handlungen führen kann.

Floh
Er steht für einen primitiven Gedanken, den man nicht so leicht wieder loswird.

Glühwürmchen (Leuchtkäfer)
Er lenkt die Aufmerksamkeit ständig auf äußere Dinge, wodurch die inneren Zusammenhänge nicht ins Bewusstsein treten können.

Grashüpfer
Er zeigt, dass man nicht genügend auf seine innere Stimme hört und den Verstand zu wichtig nimmt.

Grille
Die Grille deutet auf eine Erkenntnis hin, die man nicht wirklich zu fassen vermag.

Heuschrecke
Die Heuschrecke symbolisiert eine bestimmte Klangfolge, die auf unheilvolle Art die Individualität eines Menschen vollkommen vernichtet.

Hornisse
Sie schürt die Angst im Menschen und zerstört so den Glauben an das eigene Potenzial.

Hummel
Sie steht für das Schwelgen in schönen Erinnerungen.

Kakerlake (Küchenschabe)
Sie symbolisiert Ideen und Gedanken, die einem abstoßend erscheinen.

Laus
Sie symbolisiert Bedürftigkeit und Verfall in einem bestimmten inneren Bereich des Menschen.

Libelle
Sie bezeichnet stark auf sich bezogene Gedanken, die wenig Raum für Selbstlosigkeit und Hilfsbereitschaft bieten.

Made
Maden stellen widerliche mentale Strukturen dar, die zu geistiger Zersetzung führen.

Maikäfer
Er weist auf Grübeleien und quälende Gedanken hin.

Marienkäfer
Er bezeichnet die Zufriedenheit mit alltäglichen Dingen und kleineren Erfolgen. Dieses Glücklichsein mit dem Leben ist sehr wohltuend, führt auf Dauer jedoch auch zur Stagnation: Das große Glück bleibt aus.

Mücke
Sie steht für das negative Bewerten eigener Unvollkommenheiten und kleiner Fehler.

Ohrwurm (Ohrenkneifer)
Er deutet auf ein Mantra oder einen Gedankenkomplex hin, das/der sich vollkommen verselbstständigt hat und sich so einer bewussten Steuerung entzieht.

Skarabäus (Mistkäferart)
Die Familie der Mistkäfer warnt einerseits vor Schritten, die zum Misserfolg führen würden, und zeigt andererseits das Entwicklungspotenzial, das in vermeintlich kleinen Chancen liegt.

Skorpion
Er steht für schöpferisches Denken und Handeln, wobei in der Regel nicht darauf geachtet wird, ob das Resultat wirklich wünschenswert ist oder nicht.

Wanze
Sie bezeichnet einen Gedanken, der im realen Leben kaum wahrgenommen wird, aber in Träumen eine wesentliche Rolle spielt.

Wespe
Sie steht für Gedanken, die das schöpferische Potenzial unterdrücken oder stark einschränken.

Zecke
Die Zecke symbolisiert eine parasitäre, zerstörerische Gedankenform, die immer mehr Auswirkung auf die Realität hat.

Zikade (Zirpe)
Sie bezeichnet eine tote, erstarrte Ansicht, die unnötige Mengen an Lebenskraft verbraucht.

Niedere Tiere (die Wirbellosen) – seelische Fremdkörper

Die niederen Tiere oder die Wirbellosen symbolisieren seelische Strukturen, die ohne innere Verarbeitung als Ganzes aufgenommen wurden und dadurch wesensfremde »Objekte« bleiben.

Auster
Sie weist auf einen Versuch anderer Menschen hin, dich zu überreden, schwierige oder unangenehme Situationen zu durchleben.

Hummer
Der Hummer bezeichnet eine abwehrende Kraft, die verhindert, dass man bestimmte unbewusste Inhalte wahrnehmen und aufarbeiten kann. Diese abwehrende Kraft kann überlistet werden, indem man sie mit anderen Problemen ablenkt.

Koralle
Korallen sind eine besondere Gruppe von Nesseltieren, die im Meer leben. Sie verstärken verschiedene Wirkungen in der Realität. Die Wahrnehmung der inneren Quelle dieser Wirkungen wird dabei verschleiert.

Krabbe
Sie symbolisiert die Möglichkeit zur schnellen Entwicklung, die jedoch sehr einseitig ist und deshalb der Ergänzung durch ganz andere Kräfte bedarf.

Krebs
Siehe: Krabbe und Hummer.

Muschel
Sie deutet auf eine starke Neigung hin, Dinge oder auch Wissen zu sammeln. Es wird aber keine persönliche Beziehung zum

Gesammelten hergestellt, sodass die Tätigkeit keine wirkliche Zufriedenheit hervorruft.

Nautilus (Perlboot)
Er bezeichnet eine unerkannte Kraft, die imstande ist, negative Strukturen in positive zu verwandeln.

Oktopus (Krakenart)
Dieser achtarmige **Tintenfisch** steht für eine übermächtige unbewusste Struktur, aus der man sich kaum befreien kann.

Qualle (Meduse)
Sie steht für einen sehr anziehenden oder faszinierenden Inhalt. Kommt man ihm aber zu nah, erfährt man die eigentliche Wirkung, die von ihm ausgeht: Lähmung, Schmerz oder Rückfall in der Entwicklung.

Regenwurm
Dieses besondere Tier schenkt uns neue fruchtbare Erde und damit die Lebensgrundlage. Symbolisch steht er für die Vervollständigung von bruchstückhaften Erinnerungen und Erinnerungsfetzen.

Schnecke
Schnecken stehen für Eigenarten, Ansichten und Verhaltensweisen, die man von Personen aus dem eigenen Umkreis unbewusst übernommen hat.

Seestern
Er deutet auf geistige Inhalte, die nicht mehr an die Oberfläche gelangen können.

Tausendfüßer (Tausendfüßler)
Er steht für einen abgelehnten Teil im Inneren und verhindert harmonische Abläufe im Unterbewusstsein.

Wurm

Der Wurm im Allgemeinen bezeichnet eine lebendige Struktur, die einen Raum eingenommen hat, der ihr nicht zusteht. Die Auswirkungen dieser »Fremdbesetzung« sind in vielen Fällen negativ. Eine Ausnahme bildet zum Beispiel der Regenwurm, siehe da.

Dinosaurier und andere ausgestorbene Tiere – Entwicklungsstörungen

Dinosaurier und andere ausgestorbene Tiere repräsentieren seelische Verletzungen, die zu deformierten Kräften im Unbewussten geworden sind.

Archaeopteryx
Er symbolisiert einen Minderwertigkeitskomplex, der durch erniedrigende Erfahrungen in der Kindheit entstanden ist.

Diplodocus
Dieser Dinosaurier mit seinem sehr langen Hals deutet darauf hin, dass der Geist sich fast völlig vom Körper entfremdet hat.

Mammut
Es symbolisiert die lahmgelegte Schöpfungskraft.

Pteranodon
Der Pteranodon steht für ein übergroßes Pflichtbewusstsein und ein übersteigertes Sicherheitsbedürfnis, weil man als Kind schon eine Erwachsenenrolle übernehmen musste.

Säbelzahntiger
Dieses ausgestorbene Tier verrät eine Neigung zu Zwangshandlungen.

Stegosaurus
Er symbolisiert das Gefangensein in stark dogmatischem Denken.

Triceratops
Dieses »Dreihorn« weist auf eine gestörte Kommunikationsfähigkeit hin.

Tyrannosaurus rex
Der T-rex deutet auf ständige Unzufriedenheit und aggressives Verhalten hin.

Velociraptor
Symbolisch steht er für fehlende Beziehungen zur Umwelt und zu den Mitmenschen.

Vegetationstypen und Landschaften – innere Regionen

Vegetationstypen und Landschaften symbolisieren Regionen im Geist-Seele-Lebenskraft-Komplex eines Menschen.

Alm (Alp, Bergweide)
Die Alm symbolisiert eine Region, die von einem wohlwollenden Schutzgeist und hilfsbereiten Elementarwesen bewohnt wird.

Dschungel (Wildnis, tropischer Regenwald)
Er steht für eine Sphäre, in der Urkräfte unkontrolliert und chaotisch wuchern. Nur wer sich an diese Umgebung völlig anzupassen vermag, hat die Möglichkeit, hier kreative Impulse für seine Alltagswirklichkeit zu sammeln.

Ewiges Eis
Hier haben wir es mit einer Sphäre zu tun, in der Wahrnehmungsvielfalt und Erlebnisreichtum statt im Äußeren eher im Inneren vorhanden sind.

Gebüsch (Büsche, Gesträuch, Gestrüpp, Dickicht)
Gebüsch deutet auf eine Lage hin, in der es noch viel Unerwartetes gibt, das gemeistert werden will, bevor man sein Ziel erreicht.

Gras
Gras bildet die intuitive Grundlage, um das Leben zu meistern.
Siehe auch: Weide, Wiese, Rasen, Alm und Steppe.

Hecke
Hecken stehen für Grenzen im Unterbewusstsein, hinter denen sich hin und wieder Unerfreuliches aufhält oder verbirgt.

Heidelandschaft
Sie bezeichnet eine Sphäre der Einsamkeit, Schlichtheit und Genügsamkeit.

Moos

Moos steht für das Zeitlose, Uralte und Ewige. Kulturen, Menschen und Dinge geraten in Vergessenheit und verlieren jegliche Bedeutung.

Oase

Die Oase ist ein Bereich, wo neue Kräfte für deine weitere Entwicklung aufgenommen werden können.

Rasen

Der Rasen ist eine von Gräsern bewachsene Fläche, die im Siedlungsgebiet der Menschen liegt. Er wird nicht landwirtschaftlich genutzt und ist meist kurz geschnitten. Symbolisch deutet der Rasen auf eine Sphäre hin, in der strenge Ordnung anstelle von Intuition herrscht.

Steppe

Die Steppe steht für einen Bereich mit potenziellen Kräften, die aber kaum genutzt werden, sodass keine wirkliche Entwicklung stattfindet.

Urwald

Der Urwald ist ein von Menschen noch unberührter Wald. Er symbolisiert einen bisher unbekannten Bereich, wo sich unvorstellbare Kräfte und Wesen aufhalten.

Wald

Der Wald steht für den Teil des Unterbewusstseins, wo Natur-, Elementar- und Lebenskraftwesen zu Hause sind.
Siehe auch: Urwald und Dschungel.

Weide (Weideland)

Die Weide ist eine hauptsächlich von Gräsern bewachsene Fläche, auf der Nutztiere stehen. In diesem Bereich werden Erfahrungen verarbeitet und deren Essenz wird integriert.

Wiese

Die Wiese ist eine hauptsächlich von Gräsern bewachsene Fläche zur Erzeugung von Heu. Sie stellt einen Bereich dar, in dem schöne Erfahrungen gesammelt werden, um später schwierigere Phasen überstehen zu können.

Wüste

Sie symbolisiert in gewisser Hinsicht die zweite Wirklichkeit, in der Handlung, Wandlung und Bewegung nur durch den Einsatz des Willens möglich sind. Auch kann sie auf einen Mangel an Leben und Gefühl hinweisen.

Himmelskörper – Bewusstseinsebenen

Himmelskörper im Allgemeinen symbolisieren andersartige Bewusstseinszustände und höhere Bewusstseinsebenen.

Asteroiden (Planetoiden)
Sie bezeichnen kleinere Bewusstseinsräume, in denen deren Bewohner dich auf den Zutritt zu einer höheren Bewusstseinsebene vorbereiten.

Erde (Blauer Planet)
Sie steht für unsere normale Bewusstseinsebene.

Galaxie
Eine Galaxie symbolisiert einen uns normalerweise unbekannten Bewusstseinszustand.

Komet (Schweifstern)
Er leitet den Anfang einer neuen seelischen Phase ein.

Meteor (Sternschnuppe)
Die Sternschnuppe deutet auf einen Herzenswunsch hin, der nun endlich in Erfüllung gehen kann, weil man geistig die notwendige Stufe erreicht hat.

Meteorit
Der Meteorit deutet auf eine spirituelle Kraft hin, mit der man alltägliche Dinge und Umstände transformieren kann.

Milchstraße (Galaxis)
Die Milchstraße ist die Galaxie, in der sich unser Sonnensystem befindet. Sie symbolisiert einen Bewusstseinszustand, der mit unserer eigenen Entwicklungsrichtung verbunden ist.

Mond

Der Mond steht für die Sphäre der persönlichen Schutzgeister und der magischen Wirkungen.

Planet

Jeder Planet symbolisiert einen Grad der spirituellen Entwicklung. Auf jeder Stufe steht eine andere Qualität im Vordergrund.

Polarstern (Nordstern)

Er zeigt dir die genaue Richtung für deinen nächsten Entwicklungsschritt.

Sonne

Die Sonne ist das spirituelle Zentrum.

Stern

Jeder Stern steht für einen Zustand, nach dem man sich zutiefst sehnt.

Sternenhimmel

Er steht für die Verwirklichung der Herzenswünsche und für das himmlische Glück.

Alphabetisches Stichwortverzeichnis

149

Buch – Der hermetische Weg

Von Peter van Veen ist erschienen:

Der hermetische Weg
Erfolg – Wunscherfüllung – Transformation
Preis: 17,80 €
ISBN: 978-3-00-036191-3

Inhalt:

Dein Weg zum Erfolg
Dein Weg zur neuen Wahrnehmung
Dein Weg zum kreativen Traum
Dein Weg zur Wunscherfüllung
Dein Weg zur Transformation

Feedback von Lesern:

»Das Buch ist wirklich sehr gut, es beschreibt die wesentlichen Punkte der Zielerreichung in einer so gut lesbaren Form, dass es jeder Mann und jede Frau anwenden kann. Es kommt ohne Umschweife genau auf den Punkt, und es macht Spaß, Ihren Schreibstil zu lesen. Auch ich habe mich seit zwanzig Jahren durch den Esoterik-Dschungel durchgekämpft, aber ich habe nirgends so eine einfache – aber perfekte Anleitung zum Erreichen seiner Ziele gelesen. Die Konzentrierung auf die 5 wesentlichen geistigen Kräfte ist wichtig für jedes Ziel, das ein Mann oder eine Frau erreichen will.«

»Kurzum: mir passieren total tolle Dinge, die mich weiterbringen, mir berufliche Perspektiven geben, die ich mir so gut, wie sie eintreffen, nicht hätte träumen können.«

»Das Buch ist gestern angekommen. Ich bin begeistert, regelrecht elektrisiert ...«

»Nachdem ich ›Dein Weg zur neuen Wahrnehmung‹ gelesen habe, bin ich völlig überwältigt. Ich habe insbesondere die Technik der dritten Pyramide, welche mir die Lösung meiner derzeitigen beruflichen und privaten Situation sofort offenbarte, angewandt. Geballtes Wissen – kurz und bündig – für jedermann verständlich und mit sehr hohem Nutzen!«

Eine ausführliche Beschreibung findest du auf:
www.der-hermetische-weg.de

Seminar 1 – Erweckung der Kundalini-Kraft

In diesem Seminar werden die sieben Ringe der Kraft vermittelt. Sie beruhen auf den Lehren des Hermes Trismegistos, des Urvaters der Alchemie. Die ersten vier Ringe der Kraft aktivieren feinstoffliche Energien, die bewirken, dass ein Bereich geöffnet wird, der normalerweise »hermetisch« verriegelt ist: die Kammer der Kundalini. Die Erweckung dieser Energie führt zur Bewusstwerdung der Kräfte in den sieben Chakren. Die Anwendung des fünften Ringes führt zur Begegnung mit dem Höheren Selbst sowie zum Verstehen der kosmischen Sprache. Der sechste Ring macht die Auflösung von Problemen und Blockaden möglich. Die Anwendung des siebten Ringes der Kraft führt zu tief greifenden spirituellen Erfahrungen.

Die hermetische Erweckung der Kundalini-Kraft wird von hohen spirituellen Kräften begleitet und führt schnell zu Ergebnissen. Bei dieser Form der Aktivierung spielt das Herzchakra die zentrale Rolle. Die Fähigkeiten und Kräfte, die der Mensch hierbei erlangt, sind mit seinem Höheren Selbst verbunden, wodurch Harmonie und Schutz gewährleistet sind.

Es sind keine Vorkenntnisse erforderlich. Jeder, der Interesse hat, die eigene Persönlichkeit zu entwickeln, kann teilnehmen. Mein persönlicher Hintergrund ist christlich-spirituell.

Informationen zum Seminar findest du auf meiner Webseite:

www.der-hermetische-weg.de

Weitere Seminare

Seminar 2 – Öffnung des dritten Auges

– Erdverbundenheit und Lebenskraft
– Öffnung des dritten Auges
– Zugang zur Akasha-Chronik
– Auflösung von Karma
– Wahrnehmung der sieben Lichtwelten
– Aura-Reinigung
– Kontakt zu Lichtwesen

Seminar 3 – Entdeckung des spirituellen Potenzials

– Begegnung mit vier heilenden Urkräften
– Schutz der Aura
– Wahrnehmung von geistigen Energien
– Entdeckung des spirituellen Potenzials
– Erkennen der Lebensaufgabe
– Erfahrung der Einheit der sieben Chakren
– die Energie der kosmischen Liebe

Seminar 4 – Die sieben Schlüssel der Alchemie

– Aktivierung der universellen Energie
– Aktivierung der Manifestationsenergie
– Aktivierung der Attraktionsenergie
– Begegnung mit dem Hüter des Unterbewusstseins
– Aktivierung der Kräfte des Unterbewusstseins
– Öffnung des Portals
– Zubereitung des "Steins der Weisen"

Seminar 5 – Die hermetischen Einweihungen

– die Artus-Einweihung
– die Yoga-Einweihung
– die Shaolin-Einweihung
– die Pharaonen-Einweihung
– Begegnung mit dem Hüter des Überbewusstseins
– das geistige Juwel
– Meister des hermetischen Weges

In diesem Seminar werden die hermetischen Einweihungen vermittelt. In früheren Kulturen waren Priester für die Durchführung notwendig. Die freigesetzten Kräfte der Techniken aus den vorigen Seminaren machen es dem Schüler der heutigen Zeit möglich, die Einweihungen selbst vorzunehmen. In der Artus-Einweihung wird man mit der Arbeit mit dem "Stein der Weisen" vertraut gemacht: Er verwandelt negative Zustände in positive. Durch die Yoga-Einweihung kommt die Begegnung mit den Basiskräften dieser Welt sowie mit dem Hüter des Überbewusstseins zustande. Die Shaolin-Einweihung bewirkt die Befreiung des Selbst. Durch die Pharaonen-Einweihung wird der Schüler zum Meister des hermetischen Weges. Er lernt den "Baum des Lebens" kennen. Schließlich findet er das "geistige Juwel": Es ist das, wonach er schon immer gesucht hat. Mit der Energie des Juwels kann er sein Leben völlig neu gestalten und wird dadurch zum Meister des eigenen Weges.
Absolventen des fünften Seminars können die geistige Energie des Steins der Weisen aktivieren, um für sich selbst - oder als spiritueller Berater für einen Klienten - tief greifende Probleme aufzulösen.

Notizen

Notizen

Notizen